Élie Berthet

Le loup-garou

© 2022 Culturea Editions

Editions : Culturea (Hérault, 34)

contact : infos@culturea.fr

ISBN : 9782385081966

Dépôt légal : octobre 2022

Tous droits réservés pour tous pays

I

À quelque distance de la petite ville de Bellac, dans un pays solitaire et sauvage, s'élevait, il y a une trentaine d'années, une ferme isolée, dont l'extérieur délabré et malpropre offrait à l'œil un spectacle bien attristant. Les bâtiments irréguliers qui composaient cette exploitation étaient situés au fond d'une vallée rocailleuse, entourée de collines qui produisaient seulement des ajoncs et des fougères. Le rocher saillait de toutes parts aux environs, à travers une couche de terre maigre et sèche, et il était évident qu'on avait voulu utiliser, en bâtissant là et non ailleurs, un sol ingrat que la culture avait abandonné. Toujours est-il que si les abords de Laborderie, c'est ainsi que s'appelle la ferme, étaient tristes et stériles, au delà de la vallée, de l'autre côté de ces collines qui l'environnaient et présentaient de si pauvres pacages, il y avait de vastes dépendances qui donnaient au fermier d'excellents produits et, le mettaient à même de réaliser chaque année des bénéfices importants.

Le bâtiment en lui-même comme nous l'avons dit, n'avait rien qui égayât le paysage dont il était le centre. Les toits très bas à tuiles courbes étaient soutenus par des murailles de pierre fruste sur lesquelles n'avait jamais été appliqué aucun crépi de plâtre ou de chaux. Les fenêtres n'étaient que d'étroites lucarnes, dont quelques-unes encore étaient bouchées avec des poignées de paille, comme si l'on eût redouté dans l'intérieur une trop grande quantité d'air et de lumière. Une couche épaisse de bruyères couvrait le sol en avant de la porte principale et macérait dans une eau stagnante et fétide. De grossières charrettes, des instruments de labourage hors de service encombraient en tout temps cette entrée, conjointement avec d'ignobles étables en terre, couvertes de tuiles cassées, et dont sortaient d'ordinaire des grognements peu harmonieux.

Cependant cette ferme, telle que nous venons de la dépeindre, était vers le milieu de l'empire un lieu de plaisir et de fête pour la jeunesse de deux ou trois communes voisines. C'était là que les paysans et les paysannes des alentours venaient passer les soirées d'hiver ; et Dieu sait les mariages qui s'étaient conclus dans ces joyeuses réunions. Jean Lavignette, le fermier de Laborderie, était une sorte de Roger Bontemps, aimant à jaser et à rire, et qui, après une journée bien remplie par le travail, ne dédaignait pas, malgré ses cinquante ans et son gros ventre, de danser une bourrée au son de la musette et de conter fleurette aux rosières des environs. D'ailleurs, il faut le dire, il entrait un peu de spéculation dans l'hospitalité de Jean Lavignette. Il avait remarqué que ses vieux voisins achetaient plus facilement ses denrées lorsqu'ils étaient attablés chez lui, le soir à la veillée, sablant son cidre et mangeant ses châtaignes, que lorsqu'il les rencontrait dans une foire, armés de toutes leurs ruses et de toute leur méfiance commerciale. D'un autre côté le fermier avait trois fils, grands gaillards fort amis de la gaieté, et dont l'aîné désirait épouser une héritière ; il fallait donc attirer les héritières le plus possible au logis. Du reste, le prudent fermier ne se ruinait pas en rafraîchissements, comme on le verra plus tard, et cependant ses veillées avaient chaque saison une vogue étourdissante ; on venait de deux lieues (et quelles lieues !) pour assister à ces joyeuses réunions ; si, pendant un seul hiver, Jean Lavignette eût annoncé dans le pays qu'il ne recevrait pas, c'eût été presque un désastre public, et le spleen eût gagné la moitié de la population.

Un soir de novembre 18..., la ferme de Laborderie offrait particulièrement un spectacle curieux et animé. Il y avait fête complète en l'honneur du plus jeune fils de la maison, qui venait de tomber au sort et qui allait partir le lendemain matin comme conscrit avec cinq ou six jeunes gens, ses amis, frappés comme lui par l'inexorable loi du recrutement. Sans doute Jean, qui avait besoin de bras pour cultiver la ferme, n'avait pas trop sujet de se réjouir d'un événement qui lui enlevait un jeune et robuste travailleur qu'il ne payait pas ; mais, quoique riche, le fermier ne pouvait acheter à son fils un remplaçant, dont le prix commençait alors à devenir énorme ; enfin il était patriote, il affectait beaucoup d'enthousiasme pour l'empereur, et puis... il n'y avait rien à faire qu'à se résigner. Jean Lavignette se résigna donc, et, pour prendre la chose aussi gaiement que possible, il invita tout le ban et l'arrière-ban du canton à une veillée superlative dont son fils et les autres conscrits devaient être les héros. Les habitués ordinaires et d'autres encore n'avaient eu garde de manquer à cette assemblée ; on était accouru de tous les points de l'horizon, et c'est dans la brillante réunion qui était résulté de ce concours universel que nous allons introduire le lecteur.

La soirée était bien choisie pour pareille fête ; le ciel était noir et chargé de nuages. Un vent sec et froid sifflait autour de la ferme ; les bestiaux s'agitaient dans les étables et les aboiements lointains des chiens troublaient seuls le silence au dehors.

Cependant, dans l'intérieur de l'habitation, tout respirait la joie, joie trompeuse peut-être comme celle du grand monde, car il y avait là sans doute de pauvres mères et de naïves jeunes filles qui voyaient pour la dernière fois des personnes chères ; mais les apparences du plaisir y étaient, et cela suffit souvent chez le paysan comme chez le grand seigneur.

La pièce où se tenait la partie paisible des invités était vaste et servait de cuisine, de chambre à coucher et de salon à la famille Lavignette, attendu qu'avec une soupente affreuse où couchait l'un des garçons, elle composait toute l'habitation. Les murs étaient nus et lézardés. Des pavés raboteux et mal joints servaient de plancher, et le plafond était formé de grosses poutres mal équarries et si noires qu'on ne savait si cette couleur sombre était l'effet d'une peinture ou de la fumée qui remplissait la pièce. Cet inconvénient, si ordinaire dans les fermes du Limousin, que la plupart des invités n'y faisaient pas même attention, ne provenait pourtant pas de l'exigüité de la cheminée : elle était si vaste qu'elle pouvait recevoir sous son manteau élevé de six pieds dix personnes au moins, et l'orifice était si large qu'en plein midi le soleil éclairait l'âtre où se tenait la ménagère.

Les meubles étaient dignes de la grossièreté du reste. Deux grands lits à ciel, chacun avec ses vieux rideaux de serge bleue, occupaient le fond de ce bouge enfumé. Au centre, une lourde table de chêne à double étage enfonçait ses pieds dans le pavé, au-dessous d'une planche suspendue au plafond et qu'on appelle, à cause de son usage, *la planche au pain*. Près de la porte d'entrée, une espèce de dressoir dont la partie inférieure se refermait en forme d'armoire et où, soit dit en passant, la tradition voulait que le père Lavignette laissât moisir bien des écus de six livres, étalait sur ses étagères une douzaine d'assiettes de faïence grossièrement peintes en bleu. Les gros bonnets étaient assis sur des bancs de bois mal affermis dont deux pieds au moins restaient toujours en l'air. Dans un coin, un vieux coffre qui semblait être une ancienne huche à pain contenait toute la garde-robe de la famille. Enfin, pour ornement, un de ces vieux fusils rouillés, si formidables entre les mains des braconniers, était suspendu à la cheminée auprès d'une carnassière crasseuse, et au-dessus planait, dans des nuages de fumée, un petit crucifix de plâtre orné d'un morceau de buis bénit qui certes n'avait pas été renouvelé à la dernière Pâque-Fleurie.

Telle était la somptueuse salle où était réunie en ce moment l'élite de plusieurs communes. Les buveurs, dont quelques-uns étaient d'un âge assez avancé, étaient presque uniformément vêtus de droguets bleus et portaient des chapeaux à larges bords. Assis autour de la table, les coudes appuyés sur les planches vermoulues, ils buvaient du cidre ou de la piquette en causant de la vente des bestiaux et des grains à la dernière foire. Souvent cette pacifique conversation était interrompue par une vive discussion qui s'élevait sur un point de chicane, car chacun de ces vieux praticiens en savait autant qu'un procureur sur les cours d'eau et les murs mitoyens. Dans ces cas les discuteurs, après avoir vigoureusement soutenu leur opinion et frappé de grands coups de poing sur la table, s'en rapportaient d'ordinaire à Jean Lavignette, et il est juste de dire que le digne fermier terminait toujours le différend à la satisfaction générale, lorsque après quelques mots sentencieux qui faisaient loi, il choquait vivement son verre contre celui des disputeurs en criant d'une voix de tonnerre : À votre santé !

Les matrones qui faisaient cercle autour du foyer, avec leur coiffe de toile rousse, leur casaquin bleu à basquines, leur jupon à larges raies rouges ou bleues, assises gravement sur des escabeaux ou des billots de bois, filant sans s'interrompre un instant, leur quenouille de chanvre passée dans leur tablier, eussent formé une assemblée beaucoup plus vénérable que celle des hommes si leur bavardage continuel n'eût été plus assourdissant encore que les clameurs des maris ; mais les langues allaient plus vite que les fuseaux, et Dieu sait quelles paroles aigres-douces étaient échangées entre ces bonnes dames, qui toutes avaient des filles à marier, des maris buveurs, et qui toutes croyaient vanter leurs recettes particulières pour faire cailler le lait ou lever promptement la pâte du pain de ménage. De temps en temps l'une d'elles se trouvant trop faible pour résister à l'entraînante logique de sa commère, interpellait à haute voix son époux à la table voisine, et alors le conventicule des hommes se mêlait au gynécée dans une conversation générale qu'il eût été difficile de suivre, lors même qu'elle n'eut pas eu lieu en patois du pays.

Telle était la scène qu'éclairaient deux misérables chandelles de résine et la lueur plus intense de l'énorme fagot qui brûlait dans le foyer. Mais ce n'était encore là qu'une moitié de la fête superbe donnée par Lavignette ; une porte latérale conduisait à la salle de danse où avait été reléguée la partie jeune et turbulente des invités, car la pièce dont nous venons de faire la description était exclusivement réservée aux grands parents, on ne pouvait y pénétrer que sur réquisition, à moins qu'on ne montrât pour passeport des rides ou des cheveux blanc.

Cette salle de danse était tout bonnement la grange de la métairie, vaste hangar orné de deux immenses meules de foin qui s'élevaient jusqu'à la toiture. Sous ces meules de foin étaient pratiquées de niches en charpente d'où sortaient, par des embrasures carrées les têtes paisibles des bœufs et des vaches de la ferme, fort étonnés sans doute qu'on troublât ainsi leur sommeil. Au centre de cette grange, sur l'aire unie qui servait à battre le blé, avait lieu le bal. Pour des sièges, on n'en voyait pas, car les danseuses ne s'asseyaient pas plus que les danseurs, et les uns les autres semblaient également infatigables. Dans le fond, monté sur une vieille futaille, était le ménétrier, grand, drôle, maigre et asthmatique, toujours altéré, et qui soufflait comme un enragé dans une musette tout enjolivée d'ornements d'ivoire, de glaces et de rubans. De temps en temps, le gracieux musicien, éloignant l'instrument de sa bouche, penchait sa tête avec complaisance pour se repaître lui-même de l'harmonie bisaigre dont il était l'auteur. Quelques lanternes fumeuses répandues çà et là ne jetaient qu'une lueur terne et lugubre dans la grange, et laissaient dans l'obscurité les parties les plus éloignées de ces insuffisants luminaires. Nous avons déjà dit que l'amphitryon ne se ruinait pas en dépenses inutiles.

Mais c'étaient les danseurs et les danseuses qu'il fallait voir. Filles et garçons étaient vêtus à peu près comme les vieux de l'un et de l'autre sexe qui bavardaient dans la pièce voisine ; mais on eût dit que les jeunes filles avaient voulu suppléer par un excès de réserve et de sévérité l'éloignement de leurs mères. Le tablier relevé en triangle, les deux poings sur la hanche, elles dansaient lourdement la bourrée, déjà assez lourde par elle-même, et leurs traits étaient aussi sérieux, leur air était aussi grave aussi réfléchi que si elles avaient rempli un pénible devoir. Heureusement leur ardeur à se livrer sans relâche à ce délassement prouvait qu'il n'en était rien et qu'il fallait voir seulement dans cette gravité un effet du caractère simple et froid particulier à la paysanne limousine. Les garçons au contraire faisaient les beaux danseurs en face de leurs maîtresses, le chapeau sur la tête, une petite fleur à la bouche pour se donner un air plus galant, ils exécutaient des bonds prodigieux et administraient à leurs partenaires des coups de pieds que les timides danseuses, les yeux baissés et la bouche pincée, leur rendaient exactement et avec une vigueur tout à fait rassurante. De temps en temps ces messieurs, pour activer la danse, frappaient en cadence leurs grosses mains l'une contre l'autre en faisant une pirouette, et poussaient des *you ! you !* et des *gué, gué,* qui eussent dominé le bruit d'une fusillade.

Du reste, tout se passait avec une rigoureuse décence, et, excepté quelques soufflets qui furent appliqués çà et là par des mains féminines sans que la danse cessât un instant, il ne sembla pas que l'on eût abusé le moins du monde de la confiance des mères et des maris qui étaient restés dans l'autre salle.

Or un des danseurs qui dans le courant de la soirée s'était attiré le plus souvent des corrections amicales, était un des jeunes conscrits qui devaient partir le lendemain pour l'armée avec le fils de la maison. Peut-être le pauvre diable voulait-il en faire pour son reste, avant de commencer la triste vie de soldat ; toujours est-il qu'il avait été le plus infatigable à la bourrée, qu'il avait battu les plus beaux entrechats, et qu'il avait crié trois fois plus que tous les autres ensembles. Personne ne le connaissait dans l'assemblée, excepté un jeune conscrit d'une ferme voisine qui l'avait présenté chez Lavignette comme un de ses amis. Cela avait suffi pour le faire bien accueillir, d'autant plus que l'*Endiablé*, c'était le sobriquet dont on l'avait baptisé sur-le-champ, était un bon compagnon, gai sans être querelleur. Son visage était régulier quoique un peu trop hâlé peut-être, mais il prenait soin de le cacher le plus possible sous son vaste chapeau de paille, décoré de rubans de mille couleurs. Du reste, rien dans son costume grossier ne le distinguait du commun des danseurs ; aussi les beaux-fils de l'endroit ne l'avaient pas jalousé, et les jeunes filles convenaient que, malgré ses allures hardies, c'était un brave garçon qu'elles acceptaient volontiers pour cavalier.

Cependant, après trois heures de bourrée, de coups de pieds et de soufflets, l'Endiablé, puisque c'est le nom qu'on donnait au conscrit inconnu, parut assez disposé à se reposer. Il alla s'appuyer contre une poutre qui soutenait la charpente de la grange et resta simple spectateur du bal, après en avoir été si longtemps le boute-en-train. Presque au même instant une jolie fille de dix-huit ans, d'une taille souple et gracieuse, dont la mise rappelait presque celle d'une petite bourgeoise, parut ressentir aussi quelque fatigue et alla s'asseoir solitairement sur une botte de foin qu'avait préparée pour elle la galanterie d'un danseur. Évidemment cette danseuse était plus délicate que ses compagnes ; elle était aussi plus svelte, plus dégagée ; ses vêtements trahissaient plus de goût et même une innocente coquetterie : mais ce qui la distinguait principalement était un petit bonnet de tulle de la plus grande simplicité, dont les barbes venaient s'attacher sous le menton. Cette coiffure élégante, qui contrastait avec la toile et le grosfinon des autres jeunes filles, faisait bien des envieuses dans l'assemblée féminine, mais la petite n'y prenait pas garde. Somme toute, on eût dit d'une grisette vive, accorte, sémillante, et dont les grâces naturelles pouvaient très bien occuper l'attention d'un personnage plus difficile que ne devait l'être le conscrit l'Endiablé.

Aussi était-il depuis quelques instants dans une sorte de contemplation devant cette jolie fillette, lorsque Pierre Lenoir, le jeune conscrit qui l'avait amené à la fête, s'approcha de lui et lui demanda à demi-voix d'un air respectueux :

— Eh bien, mon jeune monsieur, comment trouvez-vous la veillée ?

L'Endiablé administra à celui qui l'interpellait ainsi un léger coup de pied dans les jambes, en lui disant avec colère et en patois, la langue habituelle de tous les invités :

— À quoi diable penses-tu, Pierre ? Souviens-toi qu'ici je ne m'appelle que Baptiste tout court.

Pierre ne parut pas s'être aperçu de ce qui s'était passé à la base de son individu et il répondit en ricanant :

— C'est vrai, c'est vrai ! j'oublie toujours que vous ne voulez pas qu'on sache....

— Finiras-tu ? Mais, dis-moi, connais-tu cette jeune fille qui est assise là-bas en face de nous ?

En même temps il désigna la jolie grisette. Pierre regarda de ce côté :

— Ça, dit-il, celle qui a un *bonnet sous le cou ?*

— Oui.

— C'est la nièce au meunier bailli du moulin de Vernay ; elle s'appelle Suzette ; c'est une *demoiselle*, voyez comme elle a de beaux ajustements ! Ah ! dame Lili lui laissera tout son bien, et Suzette est un bon parti.

— Elle est charmante, reprit l'Endiablé distraitement ; et tu dis qu'elle est la fille du meunier ?

— Non, non, monsieur... Baptiste, veux-je dire ; elle est sa nièce. Elle a été élevée à la ville, et il n'y a qu'un an qu'elle est dans le pays. Son père, qui était marchand à Bellac, est venu à mourir, et alors Suzette s'est retirée chez son oncle et sa tante, au moulin de Vernay.

L'Endiablé resta un moment silencieux.

— J'étais bien sûr qu'elle n'avait pas passé toute sa vie dans ses campagnes sauvages, reprit-il enfin. Eh bien ! Pierre va dire au ménétrier de jouer une valse ; ou je me trompe fort, Ou mademoiselle Suzette doit valser.

Pierre ouvrit de grands yeux étonnés, car à cette époque la valse était proscrite chez les paysans limousins ; mais sur un signe de son interlocuteur, qui semblait avoir la main aussi leste que le pied, il courait déjà vers le joueur de musette pour lui présenter la requête du mystérieux Endiablé, lorsqu'un incident nouveau vint faire diversion aux plaisirs de la soirée. Jean Lavignette se montra tout à coup sur le seuil de la porte et cria de cette voix forte et avec ce gros rire qui lui étaient particuliers

— Allons, jeunes filles ! allons mes drôles, venez faire réveillon !

Cette invitation excita des acclamations universelles, et les danses cessèrent comme par enchantement. Cavaliers et dames firent volteface et se précipitèrent vers la salle à manger. On se pressait, on se foulait dans un désordre joyeux. Les garçons ne se gênaient pas pour passer les premiers sans s'inquiéter de leur danseuses, qui, de leur côté, jouaient des coudes et des mains pour arriver de bonne heure au banquet. Malgré cet empressement général le galant l'Endiablé chercha du regard la jolie Suzette pour lui offrir sa main, et il resta le dernier dans la grange ; mais Suzette n'était plus là. Plus leste que les autres, elle s'était glissée inaperçue dans la pièce voisine, et lorsqu'à son tour le conscrit alla rejoindre la compagnie, il aperçut la petite assise sur un escabeau, à côté de sa tante, et défendue par la formidable rangée de matrones qui entouraient le feu.

Ou peut croire que l'invasion de toute cette jeunesse turbulente et affamée excita un peu de désordre dans une pièce où il semblait impossible d'introduire une personne de plus un moment auparavant.

Cependant, comme les assistants n'étaient pas difficiles, tout le monde trouva place dans la salle. La plupart des jeunes filles, comme Suzette, allèrent s'asseoir près de leurs mères ; les garçons se tinrent debout derrière les convives, et ils allongeaient leurs grosses mains par-dessus la tête de leurs vénérables chefs de file pour prendre leur part du festin. Les rafraîchissements étaient contenus dans deux grands cribles posés de chaque côté de la table, l'un rempli de châtaignes fumantes, l'autre de galettes de sarrasin. Par une grâce spéciale un peu de lait avait été réservé aux petites-maîtresses de la société, et Suzette, qui semblait être la favorite de la maison, était du nombre de ces dernières. On voit que le réveillon n'était pas plus somptueux que le reste. Jean Lavignette n'avait pas dépensé cinq francs en tout pour se faire, pendant quinze jours, une réputation colossale d'urbanité et de générosité dans le pays.

L'Endiablé seul ne mangea pas, et il resta dans un coin obscur, à côté de son camarade Pierre Lenoir, qui toutefois n'imitait pas sa sobriété. Dans les premiers moments, ce fut dans toute la salle un tumulte, un mélange de chants, d'éclats de rire et de mots interrompus, capables de rendre l'ode à un sourd. Mais bientôt le vacarme s'apaisa un peu ; tout le monde était casé, les jeunes gens avaient la bouche pleine, alors on put entendre la suite d'une discussion très animée qui s'était engagée entre quelques convives du premier rang à table ; il s'agissait d'un riche propriétaire du voisinage :

— Oui ! s'écriait un des plus ardents disputeurs d'un air de profonde conviction, je parierais mon bras à couper que ce n'est pas en griffonnant du papier marqué que M. Desroches, le notaire de Bonnat, a gagné la plus belle terre de la commune... Le diable sait bien ce qu'il sait.

— Et moi, je vous dis, Jean-François s'écria le maître du logis de son ton tranchant, que l'état de notaire est un bon état et qu'il y a un joli morceau de pain à gagner en griffonnant du papier *marqué*. Je sais bien qu'on dit comme ça que M. Desroches a acheté des biens d'émigrés ; c'est possible, mais il était riche sans cela. D'ailleurs, je me suis laissé dire que M. Fréderic, le fils de M. Desroches vient d'arriver à Bonnat et qu'il va épouser mademoiselle de Ranty, la fille de l'ancien maître, qui est mort pendant la terreur ; une fille qui n'a rien que le vieux château de Bonnat, dont la bande noire n'a pas voulu. C'est ça qui est beau de la part du notaire !

— Oui, oui, dit Jean-François en hochant la tête ; mais le mariage n'est pas fait encore. Il paraît que le jeune monsieur Frédéric *a une tête*, et que si la demoiselle ne lui plaît pas il est avocat et il connaît ses droits.

— Eh ! eh ! il n'y ferait peut-être pas bon, ajouta un autre interlocuteur ; les dames de Ranty ont pour défenseur le vieux noble. M. de La Perche, qui demeure avec elles au château, et on dit que ça a été un malin dans son jeune temps.

L'Endiablé, en écoutant cette remarque, ne put retenir un sourire ironique, mais la conversation semblait avoir un vif intérêt pour lui, et il se hâta de prêter l'oreille de nouveau.

— J'avoue, continuait Jean-François, que la demoiselle de Ranty n'est pas jolie, et on prétend qu'elle est dure pour le pauvre monde..... Mais pour en revenir à ce que nous disions tout à l'heure, je sais bien que je ne dormirais pas tranquille si j'avais gagné un domaine comme le notaire Desroches a gagné les siens.

— Pardieu ! dit un des assistants d'une voix sinistre, le notaire Desroches a la Poule Noire.

La Poule Noire, dans les traditions populaires du Limousin, est une espèce de poule aux œufs d'or, dont le diable fait cadeau à ceux qui se sont voués à lui. Cette accusation, lancée d'un air très sérieux par un vieillard qui semblait avoir une certaine autorité dans l'assemblée, donna à penser à tous les auditeurs. Ils gardèrent le silence ; un seul osa protester : c'était Pierre, qui, déjà plusieurs fois, pendant cette conversation, avait voulu placer son mot, mais qui en avait toujours été empêché par son voisin. Cette fois, il ne put commander à son indignation et il s'écria, la bouche pleine :

— M. Desroches n'a pas la Poule Noire ! M. Desroches est un honnête homme ! et ce n'est pas bien à vous, père Guillaume, vous qui venez demander au notaire des conseils qu'il vous donne gratis pour votre procès avec Trinquart, d'oser dire....

Un signe de l'Endiablé fit taire le jeune conscrit : celui qui avait avancé le premier cette opinion hardie, reprit d'un air d'indulgence :

— Sur mon âme, Pierre, nous savons pourquoi tu dis cela... Tu as servi chez M. Desroches, et je sais que si tu n'avais pas dû partir demain pour l'armée tu aurais été domestique du jeune monsieur Frédéric.... C'est bien à toi de défendre ceux dont tu as mangé le pain, mais cela n'empêche pas, vois-tu, que le notaire Desroches n'ait gagné sa fortune par le secours de la Poule Noire !

Pierre allait protester avec plus d'énergie, mais en ce moment une voix cassée domina le bruit de la discussion :

— Qui parle de la Poule Noire ? demanda-t-on ; qui ose dire que c'est la Poule Noire qui a donné au notaire Desroches la belle terre de Bonnat ? C'est un mensonge ; je vous dirai la vérité.

Tout le monde se tut et les regards se portèrent vers la personne qui venait de prononcer cet oracle ; c'était la mère de Lavignette, vieille femme octogénaire, maigre, jaune, ridée, qui passait pour folle ou pour sorcière à volonté. Ses yeux ternes et vitrés, son costume antique, sa grande coiffe de toile blanche dont les barbes retombaient sur les épaules, lui donnaient un air mystérieux et effrayant. Elle était assise sur un billot de bois, au coin du feu, sa place habituelle, et elle filait machinalement sa quenouille de chanvre. Elle n'avait pas desserré les dents de la soirée et elle avait paru insensible à tout ce qui se passait autour d'elle. Aussi cette interpellation subite de la doyenne des matrones excita autant d'intérêt que d'étonnement.

— Mère Catherine, demande le fermier à voix très haute, car la vieille femme était un peu sourde, est-ce que vous pourriez nous dire, vous, pourquoi le notaire Desroches est si riche ?

L'Elspeth limousine ne leva pas les yeux, ne se retourna pas vers ses auditeurs ; elle répondit lentement en agitant son fuseau :

— C'est qu'il est loup-garou.

— Loup-garou ! répétèrent plusieurs voix avec épouvante ; en êtes-vous bien sûre, mère Catherine ?

La vieille ne répondit pas ; les bonnes femmes se signèrent ; l'Endiablé poussa un bruyant éclat de rire que cherchèrent à imiter les jeunes esprits forts de la veillée.

— Mère Catherine, demanda la petite Suzette avec naïveté, qu'est-ce donc que le loup-garou ?

Cette question excita un murmure d'étonnement et quelques rires moqueurs.

— Comment ! tu ne sais pas à ton âge ce que c'est que le loup-garou ? demandèrent plusieurs matrones d'un air de pitié.

Dame Jacqueline, la tante de Suzette, grande femme froide et sévère et dont les vêtements, légèrement saupoudrés de farine, indiquaient la dignité, sembla ressentir vivement l'injure qui était faite à sa nièce et pupille.

— Excusez-la, bonnes gens, dit-elle d'un air de honte, en cessant de travailler au gros bas de laine qu'elle tricotait ; c'est jeune et ça a été élevé à la ville, ça ne sait rien encore. Comment, petite sotte, continua-t-elle en se tournant vers Suzette, tu n'as jamais entendu parler du loup-garou ?

— J'ai bien entendu dire quelque chose, tante Jacqueline ; mais je ne m'en souviens pas.

— Eh bien, reprit Jacqueline pour détourner l'attention un peu railleuse qui se fixait sur sa nièce, nous allons prier la mère Catherine de nous raconter une histoire de loup-garou.

Cette proposition fut accueillie avec acclamation par toute l'assemblée : l'amour du merveilleux est dans le caractère des paysans de tous les pays, et rien ne pouvait mieux terminer la veillée que le récit de quelque légende bien sombre et bien diabolique. On pria tout d'une voix le maître de la maison d'adresser à sa mère, qui l'écoutait plus volontiers que tout autre, la requête de la société.

— Mère, dit le fermier en élevant la voix, car la vieille était un peu sourde, entendez-vous ce qu'on vous demande ? Notre compagnie désire que vous lui contiez une histoire de loup-garou.

La vieille fit attendre un moment sa réponse.

— Je le veux bien, dit-elle enfin de sa voix cassée. Mais qui croit aujourd'hui au loup-garou ? Autrefois, quand on allait le dimanche à la paroisse, on se mettait à genoux et on disait son chapelet, et on écoutait le prône, et tout allait bien. Aujourd'hui, on va encore à la paroisse le dimanche, mais c'est pour boire au cabaret le long du chemin ou pour causer avec ses voisines dans l'église. Les jeunes filles y vont pour montrer leur coiffe brodée, et les garçons pour faire admirer leurs gilets neufs. On ne prie plus, on ne vit plus saintement, et ce soir, quand vous allez sortir de la veillée, vous n'aurez pas peur de sentir tout à coup sur vos épaules les pattes velues du loup-garou, quoique nous soyons dans le temps de l'Avent !

La vieille femme s'arrêta, et un profond silence régna dans la salle. Tous les regards étaient fixés sur la lugubre narratrice, dont la figure jaune et ridée n'avait pas la moindre agitation vitale, et qui restait aussi complètement immobile que le lui permettait son travail. On entendit alors le vent qui rugissait au dehors et qui s'engouffrait dans la cheminée avec un bruit effrayant. Le chant du coq annonçait minuit, et sa voix claire et éclatante s'élevait distinctement au-dessus de la tempête. Les assistants se rapprochèrent les uns des autres par un mouvement vague de terreur.

— C'est vrai, au moins, dit une autre vieille femme en se signant, que nous sommes dans l'Avent depuis dimanche dernier ; c'est le temps où les loups-garous courent la campagne et traversent sept paroisses en une nuit pour effrayer les voyageurs et manger les chiens qui se trouvent sur leur route.

— Laissez, laissez, dit Jean Lavignette en désignant sa mère ; maintenant elle est lancée, elle vous contera tout ce que vous voudrez.

Le silence se rétablit. Les jeunes filles se pressaient contre leurs mères, qui frissonnaient elles-mêmes au récit des légendes terribles dont on avait bercé leur enfance ; les hommes avaient pris un air grave, et il n'était pas un seul assistant peut-être, sauf le sceptique l'Endiablé, qui fût disposé à révoquer en doute ce qu'allait dire la mère Catherine. Cependant la bonne femme restait immobile au coin du feu et continuait de faire tourner son fuseau comme si elle eût déjà oublié sa promesse, Lavignette cria bientôt à son oreille :

— Eh bien, mère, ne disiez-vous pas que vous aviez vu des loups-garous autrefois ?

Catherine tressaillit, comme si le souvenir et la pensée lui revenaient tout à coup.

— Oui, oui, j'en ai vu, reprit-elle en s'animant, et il y a dans le pays un homme qui en a vu aussi, tout comme moi ; c'est le vieux Michel Cloche-Pied, que vous connaissez tous et que vous regardez comme sorcier. Le bon Dieu et la sainte Vierge savent si cela est vrai ! *Pater noster*....

La narratrice s'arrêta comme pour réciter mentalement sa prière, et plusieurs des assistants l'imitèrent. Catherine reprit enfin d'une voix lente et monotone qui s'harmonisait avec le grondement de la tempête au dehors et le pétillement des flammes dans le foyer :

« Vous savez, mes enfants, que les loups-garous sont des hommes qui ont vendu leur âme au diable. Pour cela, ils s'en vont à minuit dans un endroit où deux chemins se croisent, ils appellent le démon, il vient et il leur donne tout l'argent qu'ils demandent ; mais à la condition qu'ils s'habilleront chaque nuit de l'Avent d'une vilaine peau semblable à celle d'un veau, et qu'ils courront de village en village jusqu'à ce qu'ils soient délivrés. S'ils trouvent un voyageur dans les chemins, ils sautent sur ses épaules et se font porter jusqu'à ce que le malheureux tombe mort de fatigue. Mais si le voyageur veut les délivrer, il faut qu'il le pique avec son couteau ; aussitôt que le sang coule, la peau disparaît et le loup-garou est *guéri*. C'est une bonne œuvre de faire cela, parce que vous sentez bien que le diable n'est pas content. »

« Voici donc qu'une fois, il y avait dans le village de Perylhac, à deux lieues de la Rocheguine, un jeune homme qui était bien pauvre ; il était garçon de charrue, et il ne gagnait que dix écus par an et une paire de souliers. Il devint amoureux de la fille de son maître, celui-là était riche ; il avait un beau domaine de quatre vaches, et, dans son armoire, un vieux bas rempli d'écus de six francs. Il dit à Baptiste : « Quand tu auras autant d'écus que moi, je te donnerai ma fille en mariage ; mais je ne veux pas d'un gendre qui ne pourrait pas même payer le *barlé* (le vin que l'on boit aux accordailles). »

En cet endroit du récit quelques garçons et quelques jeunes filles de l'assemblée échangèrent de loin de tristes regards, La vieille continua :

« Or, un beau jour, Baptiste ne fut plus triste et apporta à son maître un chapeau rempli d'écus tout neufs. Il y en avait de quoi acheter la moitié de la paroisse. Le maître alors lui donna sa fille. Mais à quelque temps de là, une nuit que Baptiste croyait sa femme endormie ; il sortit doucement et ne rentra à la ferme que le matin, après le chant du coq. Le lendemain, le surlendemain il fit de même. Baptiste revenait si fatigué que toute la journée il ne pouvait ni marcher, ni travailler. »

« — Il y a quelque chose là-dessous, se dit sa femme, et elle résolut d'épier ses démarches. »

« — La nuit suivante elle vit en effet son mari sortir de la maison et se diriger vers un ruisseau, comme qui dirait celui qui fait tourner le moulin de Lili. Il y avait de la lune cette nuit-là : et la pauvre femme ne perdit pas son mari de vue ; il s'approcha d'un petit pont où il y avait de grandes lézardes entre les pierres et il enfonça son bras dans une crevasse. Baptiste tira de dessous une grosse pierre une espèce de paquet, le déplia lentement, et tout à coup, sans qu'elle sût comment cela s'était fait, au lieu de voir son mari, elle aperçut une grande vilaine bête avec des poils rouges, comme ceux d'un taureau, de longues cornes et une queue qui n'en finissait plus. Sainte mère de Dieu ! son mari était loup-garou. »

Ici la vieille fit un nouveau signe de croix qui fut répété par l'assemblée presque tout entière. Un frisson courut dans l'auditoire ; les femmes, pâles et haletantes, n'osaient plus faire un mouvement ; les fuseaux s'étaient arrêtés ; le feu s'était à demi éteint dans l'âtre, et les chandelles de résine ne jetaient plus qu'une lueur vague et lugubre. Le vent mugissait toujours au dehors, et la maison craquait à chaque instant, comme si elle eût fait entendre des plaintes. La mère Catherine seule ne parut pas partager l'émotion générale, et elle reprit du même ton lent et monotone :

« — La femme avait un frère qu'elle aimait beaucoup, et qui était garde-chasse de M. de Ranty, l'ancien maître du château de Bonnat. Elle alla trouver son frère et lui conta l'affaire. »

« — Écoute, lui dit-il ; ne parle à personne de ce que tu as vu. Rentre chez toi ; demain j'irai attendre Baptiste, et je le guérirai. »

« Le soir son mari sortit comme à l'ordinaire, car on était dans l'Avent, et le pacte l'obligeait à parcourir sept paroisses chaque nuit. Le frère, qui n'avait pas peur, l'attendait près du petit pont. Comme il était caché derrière un buisson, Baptiste ne l'aperçut pas en allant prendre sa peau de loup-garou. Mais au moment où il allait se mettre en course, son beau-frère se montra tout à coup. Le loup-garou lui sauta sur les épaules pour se faire porter comme ils le font tous, et le beau-frère, qui s'y attendait, lui enfonça aussitôt son couteau dans la cuisse. Dès que le sang eut coulé, la peau disparut et Baptiste redevint un homme. »

Il se jeta en pleurant aux pieds de son beau-frère :

— Je te remercie ! tu m'as délivré. Si tu ne m'avais pas tiré du sang, lui dit-il, j'aurais été forcé de courir ainsi pendant neuf ans ! »

« Ils s'embrassèrent et retournèrent à la maison. On fit dire des messes pour que le démon laissât Baptiste tranquille, et depuis ce moment il a été bien heureux et il a eu dix-sept enfants, dont quinze ont vécu. Michel Cloche-Pied a bu plus d'une bouteille avec un de leurs arrière-cousins ; il pourra vous dire si tout cela n'est pas vrai comme le saint Évangile. »

— Mère Catherine, interrompit Lavignette, il se fait tard, et les enfants doivent partir demain de bonne heure pour l'armée ; il faut qu'on aille se reposer.

L'assemblée cessa aussitôt. La vieille se tut, comme un instrument de musique dont on cesse de tourmenter les cordes, et elle retomba dans cette apathie morne qui était son état habituel.

— Oui, oui, il est temps de partir, s'écrièrent une foule de voix. Ah ! père Lavignette, que votre mère sait de belles histoires ! Comme nous nous sommes amusés !

Et plusieurs de ceux qui parlaient ainsi étaient encore pâles de terreur.

Les jeunes gens avaient préparé de gros brandons de paille pour éclairer la route, car plusieurs des invités demeuraient à une grande distance de la ferme, et les chemins étaient en mauvais état. Ce fut pour les conscrits, pour leurs proches et leurs amoureuses, le moment des adieux, des serrements de mains, des accolades, des larmes et des sanglots. Dans la bagarre, le conscrit l'Endiablé trouva moyen de dérober deux gros baisers à la jolie Suzette, qui n'y prenait pas garde.

Enfin on sortit de la ferme, après de grands compliments au fermier sur son hospitalité, compliments auxquels Lavignette répondait avec une modestie parfaitement jouée. Quand on fut dans la cour, on alluma les brandons de paille et on se partagea en deux troupes l'une où se trouvaient l'Endiablé Pierre Lenoir et deux autres conscrits, se rendait au village de Bonnat ; l'autre, dont la meunière Jacqueline et sa jolie pupille étaient les principaux personnages, se dirigeait du côté de Vernay, On se dit un dernier adieu, les portes-torches agitèrent leurs flambeaux, le ménétrier joua sur sa musette l'air : *Retirez-vous, gens de la noce*, les chiens du village mêlèrent leurs hurlements à ce vacarme, et les deux bandes s'éloignèrent en se tournant le dos.

L'obscurité était si profonde que nos gens avaient besoin de leur connaissance parfaite du chemin pour ne pas s'égarer. Le vent soufflait toujours avec violence et chassait rapidement les nuages noirs qui couvraient le ciel ; mais ces nuages étaient si nombreux et si serrés qu'ils ne laissaient pas un intervalle où la lune pût glisser un de ses rayons. Tant que les villageois furent dans la vallée de la Broderie, ils purent encore entendre les sons faibles de la musette du côté de la ferme et les cris d'adieu de l'autre troupe dans le lointain : ils purent voir briller sur les collines voisines les torches que l'on agitait joyeusement ; mais bientôt ces légers feux follets disparurent derrière l'arête des hauteurs, les cris et la musique s'éteignirent dans l'éloignement, et enfin les voyageurs se trouvèrent dans une campagne sombre et déserte, dont le calme solennel n'était troublé que par le mugissement du vent dans les grand arbres et les épais buissons.

La petite troupe de dix à douze personnes qui se rendait au village de Vernay marchait silencieusement et d'un air pensif, auquel les récits de la vieille mère Lavignette n'étaient peut-être pas étrangers. On s'était rapproché l'un de l'autre, comme si l'on eût craint quelque danger, et on jetait autour de soi des regards empreints d'une vague inquiétude. La petite Suzette, enveloppée dans sa mante, tenait convulsivement contre sa poitrine le bras de sa tante. Tout le monde se taisait, excepté un robuste gaillard de vingt ans, espèce d'esprit fort en sabots, qui venait le dernier, et qui, le bras gauche embarrassé par des brandons de rechange et tenant de la main droite un brandon à demi consumé, poussait de grands éclats de rire en bravant tous les loups-garous passés, présents et à venir.

— Ne riez pas tant, Martial, dit une des vieilles femmes qui avaient écouté le plus attentivement l'histoire de la veillée, et prenez garde que le bon Dieu ne vous punisse. On a déjà trop parlé ce soir de certaines personnes qu'il peut ne pas être bon de nommer ! Nous sommes dans le temps de l'Avent, Martial, et nous n'avons pas encore passé le carrefour des Quatre-Chemins, où tous les sorciers du pays viennent faire leur sabbat pendant les nuits comme celles-ci.

L'incrédule continua ses vanteries grossières ; la vieille se signa et ne dit plus rien.

— Tante, demanda enfin la petite Suzette à demi-voix, c'est donc vrai ce que nous a conté ce soir la mère Catherine ?

— Si c'est vrai ! répondit la meunière avec humeur ; tu m'a assez fâchée avec ton ignorance, et devant tout le monde encore ! On dira que je t'élève mal et que je ne t'apprends rien. Comme si une grande fille de dix-huit ans ne devait pas savoir ce que c'est que le loup-garou ! Mais tais-toi, continua-t-elle plus bas, le moins que nous parlions ici de pareilles choses sera le mieux ; il ne faut pas braver le démon, et il y a assez de ce méchant Martial, pour l'irriter.

La frayeur superstitieuse de la tante augmenta encore celle de la nièce ; elle pouvait à peine marcher, et ses dents claquaient de terreur autant que de froid.

— Nous voici bientôt aux Quatre-Chemins, dit la bonne femme qui avait déjà parlé en désignant un point assez rapproché ; je suis bien fâchée que des impies aient renversé la croix de bois qui en chassait le malin esprit.

— Et moi, dit Jacqueline, je suis bien fâchée que Lili ne soit pas avec nous. Il n'a peur de rien lui, pourvu qu'il ait un bon bâton à la main, et je ne sais pas si un loup-garou lui-même... Mais, sainte Vierge de quoi vais-je parler !

— Si le loup-garou vient, s'écria le fier à bras de l'arrière-garde en agitant la torche d'un air de défi, nous le grillerons dans sa peau !

— Sur le salut de votre âme, Martial, taisez-vous, reprit la meunière avec épouvante ; ma pauvre nièce tremble comme la feuille, et j'ai peur qu'elle ne puisse bientôt plus nous suivre.

Soit galanterie, soit tout autre motif, Martial se décida à cesser ses observations qui scandalisaient ses compagnons de route, et il se mit à marcher tranquillement comme les autres. Mais peut-être toutes ces bravades n'étaient-elles qu'une frayeur dissimulée, car au bout de quelques minutes de silence, il commença à regarder assez fréquemment derrière lui et il se rapprocha insensiblement du gros de la troupe. On était alors à une portée de fusil environ de l'endroit qu'on avait appelé les Quatre-Chemins, parce qu'en effet deux routes s'y croisaient et formaient un carrefour.

— Qu'y a-t-il donc, Martial ? demanda l'un des assistants d'un air inquiet.

— Rien, répondit brièvement le jeune garçon.

Mais sa voix n'avait plus la même assurance qu'auparavant. Au moment où l'on arrivait au carrefour, il fit deux ou trois grandes enjambées pour rejoindre la bande. Sa main tremblait si fort qu'il faisait pleuvoir autour de lui les flammèches de la torche, au risque de brûler les vêtements de ceux qui l'entouraient.

— Que voyez-vous ? demandèrent encore plusieurs voix effrayées.

— *Quelque chose* nous suit ! murmura le jeune homme en élevant le flambeau au-dessus de sa tête pour voir de plus loin.

On fit halte pour reconnaître ce qui avait pu alarmer l'incrédule Martial. On prêta l'oreille, et l'on put distinguer un bruit de pas précipités dans la partie du chemin que la bande venait de parcourir.

La terreur fut au comble.

Tout à coup une horrible apparition se montra dans la sphère lumineuse projetée par les torches. C'était un animal étrange, de la hauteur d'un homme de grande taille se tenant debout et marchant avec rapidité. Il était couvert de poils roux, comme le loup-garou des traditions ; son mufle ressemblait à celui d'une bête féroce, et il montrait de grandes dents blanches comme de l'ivoire. Il s'avançait vers les spectateurs comme pour s'élancer sur eux.

Des signes de croix furent faits, et l'on murmura des prières pour conjurer cet être surnaturel. L'on espérait qu'il allait s'éloigner après cette bordée d'exorcismes, mais le loup-garou s'avança toujours du même pas, et lorsqu'il fut près de la troupe, il éleva ses bras armés de griffes formidables et fit entendre une espèce de grognement sourd et menaçant.

Alors la frayeur ne connut plus de bornes ; hommes et femmes, jeunes garçons et jeunes filles se mirent à fuir en désordre de toute leur vitesse, en poussant des cris perçants. Les porte-flambeaux avaient laissé tomber leurs torches, afin de ne pas être gênés dans leur course, et tout le carrefour resta dans une obscurité profonde.

Suzette était cramponnée au bras de sa tante ; ni l'une ni l'autre n'avaient plus la force de pousser un cri, et elles couraient machinalement de toute leur vitesse, mais sans pouvoir suivre leurs compagnes, qui déjà les devançaient de fort loin. Ce fut alors que la lourde patte velue du loup-garou s'abaissa sur l'épaule de Suzette ; la pauvre fille poussa un cri déchirant et tomba évanouie sur le gazon qui bordait le chemin.

En entendant ce cri, en sentant sa nièce chanceler, Jacqueline tourna la tête, et elle aperçut l'horrible bête. Cette vue lui donne de nouvelles forces, elle dégagea brusquement son bras de celui de sa nièce, et elle continua sa course, en laissant Suzette au pouvoir de l'apparition. Une mère fût restée !

La panique des fuyards dura jusqu'à Vernay, à une demi-lieue du carrefour où avait eu lieu cet événement. Ce fut seulement quand ils se crurent à l'abri de toute attaque qu'ils osèrent s'arrêter et se communiquer leurs inquiétudes. Jacqueline, en se trouvant saine et sauve, commença à s'apercevoir de la lâcheté de sa conduite. Bientôt, tout ce qui était resté dans le petit village de Vernay fut sur pied ; le meunier Lili, qu'on avait prévenu, arriva avec ses garçons de moulin : c'était un homme de cinquante ans environ, robuste autant que déterminé. En apprenant les circonstances de la disparition de sa nièce, il fronça ses gros sourcils chargés de farine.

— Vous êtes tous des imbéciles, dit-il brusquement, il faut aller chercher cette petite.

Les femmes refusèrent d'accompagner Lili ; mais les garçons, qui commençaient à se repentir de leur poltronnerie, n'osèrent résister à cette injonction, on s'arma comme l'on put, les uns de bâtons, les autres de vieux fusils. La meunière se décida à se mettre de la partie, sûre qu'elle serait protégée suffisamment si le loup-garou avait l'audace de se montrer de nouveau. On alluma d'autres torches, et on se mit en marche pour retourner au carrefour. Ceux qui restaient se mirent en prières en attendant le retour de l'expédition.

Le meunier Lili, qui avait été soldat et qui passait pour ne craindre ni Dieu ni diable, bien qu'au fond il eût une bonne dose de cette superstition commune à tous ses compatriotes, ouvrait la marche son fusil à la main, et tout le monde le suivait, sinon avec courage, du moins sans poltronnerie ; on comptait que Lili enverrait son plomb à un loup-garou comme à un perdreau.

On arriva au carrefour sans accident, et l'on allait le dépasser lorsqu'une ombre noire s'agita dans l'obscurité en face des paysans.

— Qui va là ? demanda Lili en apprêtant son arme.

— C'est moi, oncle ! répondit une petite voix.

Et au même instant, Suzette vint se jeter dans les bras du meunier et de la meunière, qui la dévorèrent de caresses.

Les premiers transports passés, on questionna avidement la jeune fille ; mais on apprit avec étonnement qu'elle ne savait rien de plus que sa tante et les autres témoins de l'apparition. Elle était restée sans connaissance depuis le moment où elle avait senti sur son épaule la patte terrible du loup-garou ; elle croyait que son évanouissement avait duré seulement quelques minutes, et elle ne comprenait pas comment son oncle avait pu venir de Vernay en si peu de temps. La seule circonstance qui l'avait étonnée en reprenant ses sens avait été de se trouver sous un chêne à une trentaine de pas du lieu où elle était tombée. En apercevant les torches que portaient les arrivants, elle était accourue vers ses amis.

— Et tu n'as rien vu, rien entendu ? demanda Lili d'un air étonné.

— Attendez, mon oncle, dit la petite en cherchant à rassembler ses idées : lorsque j'ai repris connaissance, il m'a semblé qu'on marchait près de moi ; j'ai appelé mais on ne m'a pas répondu et j'ai entendu seulement un frémissement dans les buissons.

On courut sur-le-champ vers l'endroit désigné, on fouilla les buissons et les halliers avec le plus grand soin, mais on ne trouva rien, et il fallut bientôt renoncer à cette inutile recherche.

— C'est bien étonnant tout ça, dit Lili, mais retournons chez nous ; quand nous resterions là à grelotter, nous n'en saurions pas davantage. Demain, il fera clair.

En même temps, il donna le bras à Suzette, qui était extrêmement faible par suite de son évanouissement récent, et Jacqueline la soutint de l'autre côté. On reprit la route du village. Tout le monde gardait le silence, le meunier lui-même était pensif, et tout en marchant il répétait tout bas :

— C'est étonnant ! est-ce que vraiment il y aurait des loups-garous ?

II

On peut se faire facilement une idée de la sensation que produisit dans le pays le récit d'un événement merveilleux qui avait eu tant d'acteurs et tant de témoins. Quelques incrédules osèrent bien révoquer en doute la réalité de l'apparition du loup-garou ; mais tout le village de Vernay attesta le fait, on avait vu, on avait entendu, et si les narrations différaient sur des circonstances insignifiantes, elles s'accordaient sur le point principal. Le caractère du paysan limousin est trop grave et trop positif pour qu'on pût soupçonner une plaisanterie dans cette aventure, et, après mûr examen, les plus sceptiques furent obligés de convenir qu'ils ne savaient qu'en penser.

Il fut donc bien et dûment avéré qu'un loup-garou était apparu aux gens de Vernay au moment où ils revenaient de la veillée de Jean Lavignette, et qu'une jeune fille de ce village avait pensé mourir de peur dans cette circonstance. Quant au salut miraculeux de Suzette, les uns l'attribuaient à une petite croix d'or qu'elle portait et à laquelle on supposait la vertu de chasser le démon ; d'autres soutenaient que la jeune fille, étant d'une sagesse exemplaire et ayant toujours rempli exactement ses devoirs de chrétienne, son ange gardien, au moment où le loup-garou s'était emparé d'elle, était descendu du ciel pour la protéger.

On voit combien ce thème prêtait aux enjolivements des imaginations superstitieuses, et on partait de cette donnée pour broder les histoires les plus étonnantes. Les matrones de Vernay ne perdaient pas cette occasion de faire remarquer combien toutes les filles de ce village étaient sages et pieuses, et on ajoutait que si le bon Dieu avait permis que la nièce du meunier soutînt cette terrible épreuve, c'était parce qu'elle avait voulu s'élever au-dessus des autres, parce qu'elle avait peut-être un peu trop de coquetterie, parce qu'elle portait un bonnet, tandis que ses compagnes n'avaient que des coiffes de toile ; enfin les langues allaient si bien que deux jours après l'événement, si quelqu'un se fût avisé de sourire en écoutant ces incroyables récits, il se fut exposé à être lapidé par les gens du village. Le curé, homme de sens, ayant eu le malheur de montrer du doute fut fort mal vu par ses paroissiens ; on parla de *mauvais prêtre*, de cagot qui ne croyait pas lui-même à ce qu'il prêchait. Le digne pasteur eut toutes les peines du monde à faire sa paix avec ses ouailles.

La meunière Jacqueline n'était pas moins convaincue que les autres commères d'une intervention surnaturelle, et elle fit une neuvaine pour éloigner de sa maison le malin esprit. Lili fut plus long à abjurer tous ses doutes ; ce fut seulement après avoir questionné mille fois sa femme et sa nièce, après avoir comparé leurs réponses et reconnu l'impossibilité d'une explication raisonnable, que le souvenir des superstitions dont on avait effrayé son enfance lui revint à l'esprit et qu'il commença à partager sérieusement l'opinion des gens de son village. On remarqua qu'il devint un peu plus assidu aux offices religieux qu'il ne l'avait été autrefois, et on apprit un jour avec étonnement qu'il avait arrêté son moulin un dimanche pendant la messe. Ce signe de conversion de la part du Voltaire de Vernay donna beaucoup à penser à tous les esprits forts de l'endroit.

Quant à Suzette, cet événement sembla avoir changé brusquement son caractère et ses habitudes ; autrefois on la voyait sans cesse aller et venir autour de la maison de son oncle, riant avec les pratiques du meunier et chantant de joyeuses chansons patoises. Il n'était pas de fête, pas de veillée dans le voisinage où elle n'allât montrer sa mine espiègle, son bonnet rond et son petit tablier retroussé. Aucune fille du village n'avait la répartie aussi vive et aussi heureuse, aucune n'avait autant de gaieté franche et naïve ; mais après la terrible soirée elle devint méconnaissable. Soit que la curiosité qui s'attachait à elle depuis cette époque lui fût importune, soit tout autre motif, elle ne se montrait plus nulle part, et c'était à peine si de temps en temps, on entrevoyait sa figure triste et pâle derrière les petits rideaux à carreaux rouges de la chambre qu'elle occupait chez son oncle. Elle ne sortait presque plus, et si une de ses compagnes venait filer sa quenouille au moulin, elle trouvait la pauvre Suzette morne, si-

lencieuse, insensible en apparence à ce qui se passait autour d'elle. Suzette né-
gligeait sa parure, et son innocente coquetterie d'autrefois avait disparu ; elle
n'aimait plus qu'à se trouver seule dans sa chambre, et souvent la nuit on
l'entendait pousser des cris de frayeur à la suite de quelque songe lugubre ; parfois elle tressaillait tout a coup lorsqu'on lui parlait, et elle se retournait en fris-
sonnant comme pour faire face à un ennemi invisible. Il n'en fallait pas tant
pour renouveler les suppositions superstitieuses des amis et des voisins ; on
disait de Suzette qu'elle était *frappée* et qu'elle était encore troublée en secret
par des apparitions. On la considérait avec un sentiment qui tenait de la pitié
et de la crainte. On lui attribuait je ne sais quelle faculté surnaturelle qui faisait
qu'on s'éloignait d'elle et qu'on n'eût pas voulu cependant s'attirer son inimi-
tié.

Lili et sa femme faisaient tous leurs efforts pour égayer leur nièce, dont la
santé s'altérait, mais c'était peine perdue. Rien ne pouvait vaincre sa taciturni-
té, et elle ne répondait que par monosyllabes aux questions qu'on lui adressait.
L'oncle et la tante finirent par ressentir, malgré leur affection pour Suzette,
l'espèce d'effroi qu'elle inspirait à tout le village ; et il arrivait souvent à Jacqueline de dire à ses voisins, en poussant de gros soupirs et en levant les yeux au
ciel : « Que nous sommes donc malheureux d'avoir une nièce comme ça, qui
prie sans cesse le bon Dieu, et qui est peut-être possédée du démon ! C'est une
affliction que la sainte Vierge nous envoie. Ainsi soit-il. »

Trois mois se passèrent ainsi, et la pauvre Suzette était tombée dans un
état alarmant de tristesse. Il fallut faire venir le médecin d'une commune voisine, habile praticien en qui les Lili avaient depuis longtemps une grande confiance. Le docteur examina la jeune malade et la questionna longuement sur ce
qu'elle éprouvait. Le meunier et la meunière attendait impatiemment le résultat de ses investigations ; mais, à leur grand étonnement, le docteur haussa les
épaules, sourit et se retira sans laisser d'ordonnance et sans donner
d'explication sur le mal de la pauvre Suzette. Seulement, le soir même, le curé
du village, qui était l'ami particulier du docteur, envoya prier les époux Lili de
se rendre sur-le-champ avec leur nièce au presbytère.

Cette invitation pressante surprit beaucoup le meunier et la meunière ; le curé, quoique bon homme et affectueux pour ses paroissiens, n'avait de rapport avec eux qu'en ce qui concernait son pieux ministère, et Lili et sa femme ne devinaient pas quel pouvait être le motif d'une entrevue demandée d'une manière si solennelle. Cependant le meunier s'empressa de frapper son bonnet de coton contre son genou pour en secouer la farine et endossa son habit de cérémonie, tandis que Jacqueline jetait sur ses épaules son fichu neuf et mettait une coiffe blanche. Quant à Suzette, la pauvre enfant comprenait à peine ce qu'on voulait ; elle ne changea rien à sa toilette, quoique sa tante essayât de lui persuader qu'il n'était pas convenable de paraître devant M. le curé avec ses habits de tous les jours, et elle suivit ses parents avec cet air de morne abattement qui lui était devenu habituel.

Quand ils arrivèrent au presbytère, le curé, vénérable vieillard de soixante-dix ans, à figure noble et douce, disait ses grâces à l'issue d'un frugal souper dont les restes étaient disposés sur la table de la petite salle à manger. Il fit aux visiteurs que sa gouvernante venait d'introduire, le signe d'attendre un instant, et dès que sa courte prière fut terminée il se tourna vers les bonnes gens qui se tenaient debout, près de la porte, dans une attitude gauche et respectueuse à la fois et il leur dit d'une voix mélancolique.

Lili et vous Jacqueline, j'ai une affligeante nouvelle à vous apprendre ; Dieu vous frappe dans votre famille et dans vos affections. Mais avant de vous dire de quel malheur vous êtes menacés, il faut que je m'entretienne un instant avec votre nièce.

— Avec moi, monsieur le curé ? demanda Suzette étonnée.

— Avec vous, ma fille, dit le prêtre d'un ton presque sévère.

Sans rien ajouter, la jolie enfant se disposa à le suivre dans une pièce voisine qui servait de salon et dont le curé venait d'ouvrir la porte.

— Un moment, monsieur le curé demanda Lili brusquement, s'il s'agit encore de loups-garous et de diableries de cette espèce, je vous déclare que je ne veux plus m'en mêler. Que Suzette s'arrange avec le démon si elle veut ; mais ni ma femme ni moi ne nous soucions pas d'avoir des rapports avec le malin esprit. C'est vous que ça regarde, monsieur le curé, et moi je désire d'en finir.

— Peux-tu parler ainsi, méchant homme, dit Jacqueline d'un ton de reproche ; aurais-tu le cœur d'abandonner ainsi une jeunesse que le démon persécute, quoiqu'elle soit pure comme le jour de son baptême ? Ne l'écoutez pas, monsieur le curé, et continuez de vous intéresser à cette pauvre petite ; si pour la délivrer il faut de l'argent et des prières, je me charge de tout, et ce poltron dira ce qu'il voudra.

— Poltron ! répéta Lili en colère.

— Allons, allons, la paix, dit le digne prêtre en souriant ; vous tenez donc bien fort mes bons amis, à cette histoire de loup-garou qui n'est qu'une absurdité ? Je souhaiterais que vous n'eussiez pas à vous affliger bientôt d'un événement plus sérieux et plus certain que celui-là !

En parlant ainsi, il fit entrer Suzette dans la pièce voisine et referma la porte sur lui après avoir averti le meunier et la meunière qu'il les appellerait dans un instant.

Lili et sa femme s'assirent dans la salle à manger et se regardèrent d'un air d'inquiétude, sans oser toutefois se communiquer leurs craintes. S'il ne s'agissait pas de l'espèce de possession que l'on attribuait à Suzette, que pouvait donc leur vouloir le curé de Vernay, et de quel malheur étaient-ils encore menacés ! Ils cherchèrent à écouter ce qui se passait dans la pièce voisine. D'abord ils n'entendirent qu'un murmure sourd et monotone comme si on parlait à voix basse ; mais bientôt on distingua des cris et des sanglots que poussait la jeune fille, et bientôt le curé lui-même éleva la voix d'un ton d'autorité. On eut dit d'une lutte où le prêtre déployait à la fois toute son éloquence onctueuse et imposante, toute sa fermeté, toute son adresse, et où la jeune fille n'avait pour défense que ses dénégations, sa douleur et ses larmes. Cette scène dura près d'une heure et quoique le meunier et sa femme ne pussent entendre de quoi il s'agissait, leur cœur se serrait à chaque éclat de voix qui arrivait jusqu'à eux.

Enfin la porte s'ouvrit et le vieux prêtre leur fit signe d'entrer. Ses yeux remplis de larmes, sa contenance pensive témoignaient de l'émotion profonde qu'il éprouvait lui même. Suzette, assise dans un fauteuil, sanglotait et se couvrait le visage de son mouchoir. Elle vint se jeter en pleurant au cou de sa mère adoptive, et lui dit d'un ton de désespoir :

— N'est-ce pas, ma tante, que vous ne me chasserez pas, que vous m'aimerez malgré tout ?

— Certainement, ma pauvre fille, répondit la bonne Jacqueline en fondant en larmes, sans savoir pourquoi.

— Et vous, mon oncle, continua Suzette en courant à Lili qu'elle entoura de ses bras avec une énergie nerveuse, promettez-moi que vous ne me battrez pas ? Mon bon petit oncle Lili, n'est-ce pas que vous n'en voudrez pas à votre pauvre Suzette de son malheur. Ce n'est pas ma faute, je vous le jure : je ne suis pas coupable.

— Je le veux bien, petite, je le veux bien, dit Lili en cherchant à se dégager des étreintes convulsives de sa nièce ; mais de quoi diable s'agit-il ? il faut me le dire au moins. Il est bon que je le sache avant de rien promettre.

— Monsieur le curé vous le dira, dit Suzette d'une voix entrecoupée de sanglots.

Le vieux prêtre s'était assis, et le coude appuyé sur sa main il examinait avec attention la jeune fille.

— Je m'y perds, dit-il enfin ; les apparences sont contre elle, et cependant sa naïveté, sa candeur, cette douleur si franche et si vraie me disent qu'elle est innocente. J'ai employé tous les moyens possibles pour lui arracher un aveu, et je n'ai rien pu obtenir. On je me trompe fort, ou cette malheureuse jeune fille a été victime de quelque trahison infâme dont il faut, mes bons amis, que vous m'aidiez à découvrir l'auteur.

Le meunier et la meunière le regardaient d'un air effaré.

— Lili et vous, Jacqueline, reprit le curé, raffermissez tout votre courage et préparez-vous à apprendre en chrétiens une fâcheuse nouvelle, Suzette a été la victime d'une odieuse séduction.

— Ah ! Seigneur, mon Dieu ! s'écria Jacqueline éperdue.

Lili devint d'un rouge ardent, malgré la couche de farine qui en tout temps couvrait son visage, et ses yeux étincelèrent.

— Quel est le séducteur ? demanda-t-il d'une voix irritée ; monsieur le curé, nommez-le moi. Je vous promets que je ne le tuerai pas ! j'ai été soldat et je sais comment ces affaires doivent s'arranger... mais par mon âme, dites-moi qui c'est !

— Voilà précisément ce que j'ignore, et ce que votre nièce paraît ignorer elle-même. J'ai beau la presser de questions, elle s'obstine à soutenir qu'elle ne sait rien. Quand je la supplie de me faire connaître son séducteur, elle me répond par des suppositions absurdes où se trouve encore mêlée cette sotte histoire d'apparition et de loup-garou !

À ce mot, l'irritation de Lili tomba tout à coup ; il regarda autour de lui d'un air d'effroi.

— Si celui qui a séduit ma nièce n'est pas de ce monde, dit-il d'une voix altérée, je n'ai pas à me venger de lui ! remarquez bien, monsieur le curé, que j'ai dit que si un homme du pays avait trompé Suzette il aurait affaire à moi, mais je n'ai pas entendu menacer celui qui a poursuivi les gens de notre village aux Quatre Chemins : je sais bien qu'il est plus puissant que moi, et je n'aurais garde de m'attaquer à un sorcier ou à un ami de l'*autre*.

— Vous me ferez perdre la tête, avec vos fables ridicules, interrompit le curé avec impatience ; je vous dis, moi, qu'il n'y a ni magie, ni sortilège dans tout ceci, et voici ce que j'imagine : Votre nièce est allée il y a trois mois à une veillée chez Lavignette, et on y a raconté une de ces histoires de loup-garou qui vous tournent la tête à tous ; sans doute ce conte à donné à quelqu'un des jeunes garçons de la veillée l'idée de faire peur aux gens de Vernay ; il se sera déguisé et aura joué la bizarre comédie qui a fait tant de bruit dans le pays, et par suite de laquelle Suzette est restée seule et évanouie dans le chemin.

Cette explication parut vivement frapper les époux Lili.

— Ça pourrait bien être ça, dit le meunier en se grattant l'oreille.

— C'est la seule supposition que je trouve raisonnable, reprit le curé à moins que Suzette ne nous ait trompés, ce que je ne crois pas.

Vous pouvez bien le dire, monsieur le curé, dit Jacqueline, qui s'était assise auprès de sa nièce et tâchait de la consoler de son mieux ; la pauvre petite est incapable de la moindre tromperie, voyez-vous, et si le malin esprit ne s'en était pas mêlé...

— Encore le malin esprit ! s'écria le curé ; mais voyons, Lili, vous qui me semblez plus calme que votre femme, dites-moi un peu quels étaient les gens qui assistaient à cette veillée ?

— Je n'étais pas chez Lavignette.

— Mais j'y étais, moi, répondit Jacqueline avec empressement. Il y avait d'abord le père Jean-François et le vieux Guillaume...

— Ce sont des gens trop raisonnables, dit le curé, pour avoir eu la pensée d'une telle comédie.

— C'est peut-être Jean Léveillé ?

— Il est trop poltron.

— Ou bien Nicolas Leroux ?

— Il est trop bête.

— Le petit Lavignette alors ?

— Il a pleuré toute la soirée parce qu'il allait se séparer de la fille à Thomas ; le pauvre garçon n'avait pas le cœur à la plaisanterie !

On cita encore une foule de noms, et la connaissance exacte que les interlocuteurs avaient des mœurs et des caractères des invités de Jean Lavignette faisaient qu'au premier mot on les jugeait incapables d'avoir joué le rôle de loup-garou. Cependant, parmi ceux qui avaient assisté à la célèbre veillée, se trouvaient quelques jeunes gens de plusieurs communes voisines sur lesquels les opinions avaient plus de peine à s'établir ; c'étaient de jeunes conscrits pour la plupart qui étaient partis pour l'armée le lendemain de la fête. La perplexité des bonnes gens et du curé ne cessait pas.

— Eh mais, dit tout à coup le meunier comme frappé d'une idée lumineuse, ne serait-ce pas par hasard le notaire Desroches qui passe dans tout le pays pour loup-garou ? Il est riche celui-là, et...

— Vous perdez la tête, Lili, je vous dirai que, le soir dont vous parlez, j'ai joué au whist chez les dames de Ranty avec le notaire et N. le chevalier de La Perche.

Le meunier poussa un soupir et garda le silence ; il n'eût pas été fâché d'avoir prise sur le riche notaire Desroches.

Suzette avait écouté en silence et la tête baissée cette longue nomenclature ; tout à coup elle murmura comme involontairement :

— Et l'Endiablé ?

Le meunier et la meunière la regardèrent d'un air effaré en entendant ce nom qui frisait la sorcellerie ; mais le vieux curé aspira vivement une prise de tabac approcha son fauteuil de celui de la jeune fille et dit avec satisfaction :

— Eh bien ! ma pauvre Suzette, qu'est-ce que c'est donc que l'Endiablé ?

L'enfant, après avoir laissé échapper ce nom, avait rougi et s'était caché de nouveau le visage dans son mouchoir trempé de larmes.

— Je vous demande, répéta le curé avec insistance, quel est le personnage que vous désignez sous le nom tout nouveau, pour nous, de l'Endiablé ?

Suzette fit un effort sur elle-même pour répondre d'une voix faible.

— C'est un beau garçon ; on l'appelait ainsi, parce qu'il était toujours à sauter où à courir comme un vrai démon.

— Continuez, mon enfant, reprit le curé, quelles raisons avez-vous de penser, que c'est ce jeune homme qui a joué le rôle de loup-garou ?

— Je n'en ai aucune, monsieur, bégaya la pauvre fille.

— Voyons, répondez-moi comme si j'étais dans mon confessionnal avec mon étole et mon surplis. N'est-il pas vrai que ce jeune homme vous a fait danser plus souvent que les autres, qu'il vous a parlé à voix basse, qu'il vous a adressé quelques compliments.

— Il dansait avec toutes, il parlait avec toutes, il a voulu m'embrasser, commue les autres, je lui ai donné un soufflet.

— C'est fort bien fait ; et alors ?

— Il m'a regardée pendant le reste de la soirée, si bien que je n'osais plus lever les yeux de son côté, il ne m'a plus rien dit.

— Or, mon enfant, vous savez sans doute le véritable nom de ce jeune homme ?

Je ne sais pas, monsieur le curé.

— Comment, vous l'ignorez ? Et vous, Jacqueline ?

— Je me souviens bien, dit la meunière en cherchant dans sa mémoire, d'avoir vu un jeune homme qui faisait plus de bruit que tous les autres ; mais je ne sais ni qui il est, ni avec qui il était venu chez Lavignette. Je ne pourrais pas même le reconnaître aujourd'hui, car il avait un grand chapeau de paille qu'il enfonçait sur ses yeux.

— Mais enfin il était connu à la Borderie ?

— Non, Lavignette m'a dit, je crois, que c'est un ami de son fils, mais il ne savait pas son nom.

— Et le petit Lavignette, Pierre Lenoir et tous les autres jeunes gens qui pourraient nous faire connaître ce mystérieux danseur sont partis pour ne plus revenir peut-être ! dit le curé avec chagrin ; mais n'importe, ce jeune homme demeure sans doute dans la commune de Bonnat ; je m'informerai de lui, je le retrouverai et si mes soupçons sont fondés...

— Hélas monsieur le curé, dit Jacqueline avec désespoir, il est inutile de chercher, il était conscrit et il est parti pour l'*armée de la guerre* avec les autres.

Ce dernier coup sembla décourager l'honnête pasteur de Vernay ; il se laissa aller dans son fauteuil avec abattement ; il resta pendant quelques minutes livré à ses réflexions.

— Allons, mes amis, reprit-il en se levant, il ne faut pas désespérer de la Providence ; peut-être nous donnera-t-elle quelque moyen de pénétrer ce mystère où, je l'avoue, je ne vois en ce moment que trouble et obscurité ; mais il suffit, je ne veux pas tourmenter plus longtemps cette pauvre jeune fille, dont les dénégations me paraissent sincères. Je vais aller recueillir sans bruit tous les renseignements possibles ; je verrai Lavignette ; je m'informerai des jeunes garçons du voisinage qui ont été frappés cette année par la loi du recrutement, et peut-être finirai-je par connaître l'auteur de cette odieuse perfidie. En attendant, mes braves gens, ajouta-t-il en se tournant vers Lili et sa femme, vous sentez de quelle importance il est pour vous et pour votre nièce que personne ne soupçonne la vérité ; elle serait déshonorée à tout jamais et sa honte rejaillirait sur vous. Lili aime un peu la bouteille, et vous, Jacqueline, vous avez peut-être la langue trop déliée avec vos commères ; prenez-y garde l'un et l'autre.

Le meunier et la meunière promirent le secret.

— Ce n'est déjà pas si flatteur, dit Lili d'un ton bourru, pour que l'on aille s'en vanter ; car, enfin, ou bien celui qui a trompé cette malheureuse, est un chrétien comme vous et moi, et alors il n'est pas agréable de convenir qu'une honnête famille est déshonorée par un séducteur ; ou bien, ce qui est possible, le diable lui-même s'est amouraché de Suzette, et on n'est pas content d'avouer que l'on a un pareil neveu. Sans compter que l'enfant sera peut-être un démon de l'enfer.

Ces terreurs sans cesse renaissantes du meunier firent hausser les épaules au curé ; mais la pauvre Suzette ne prit pas si tranquillement la dernière observation de Lili. Elle s'élança vers le vieux prêtre, et s'écria en joignant les mains avec désespoir

— Cela n'est pas, monsieur le curé ! n'est-ce pas que mon enfant ne sera pas un démon, comme le dit mon oncle ? Oh ! j'en mourrais, j'en mourrais ! Monsieur le curé, bénissez-moi ; dites des messes, vous qui êtes un saint homme, pour que mon enfant ne soit pas un démon.

— Ne parlez plus de toutes ces folies ! dit le vieillard avec sévérité ; croire à la possibilité d'une pareille intervention de l'esprit malin est un péché dans le ciel et une niaiserie sur la terre. Maître Lili, soyez assuré que le séducteur de votre nièce appartient à ce monde, quoique la lâcheté de son crime le rapproche des démons dont vous parlez. Si nous le découvrons nous saurons bien le forcer à réparer sa faute ; mais en attendant, il faut que vous me promettiez de traiter votre nièce avec tous les égards que mérite son malheur involontaire.

— Je ne lui veux pas du mal, dit le meunier plus doucement.

— Non, non, s'écria Jacqueline avec vivacité, quoique mon homme soit quelquefois brutal, il n'est pas méchant au fond. Je vous promets qu'il ne maltraitera pas Suzette. La pauvre petite ! Je l'aimerai comme par le passé. Je vous le promets à vous et à elle ; et si Lili a peur...

— Peur ? répéta le meunier avec chaleur. Ah ! si seulement celui qui a séduit Suzette était quelque riche voisin, on verrait bien si j'ai peur !

— Suffit, reprit Jacqueline, quand, comme moi, on remplit tous ses devoirs religieux, on n'a rien à craindre du démon. Allons, Suzette, remercie M. le curé de ses bontés, et espérons que Dieu, dans sa miséricorde, aura pitié de nous tous.

Le curé tint parole. Dès le lendemain il se rendit à la ferme de Lavignette et il interrogea adroitement tous ceux qui pouvaient lui donner les renseignements dont il avait besoin. Il se rendit aussi dans les communes voisines et se fit donner une liste exacte des jeunes soldats partis quelques mois auparavant ; il se procura les plus grands détails sur leur caractère et sur leur famille ; pendant près de huit jours, il se livra aux recherches le plus actives, aux perquisitions les plus minutieuses, et il ne put rien découvrir sur l'étrange événement qu'il s'agissait d'expliquer. L'absence de tous ceux que l'on pouvait soupçonner d'en avoir été les héros opposait un obstacle insurmontable aux recherches du charitable ecclésiastique. En désespoir de cause il résolut d'écrire aux principaux d'entre eux et de leur demander les éclaircissements qui pouvaient être à leur connaissance sur l'aventure du loup-garou : mais la guerre était alors dans toutes ses forces ; il était douteux que les lettres arrivassent à leur adresse ou que les jeunes gens voulussent y répondre ; enfin peut-être, tant la guerre était terrible alors, celui qui avait si indignement trompé Suzette était-il déjà tombé sur le champ de bataille. Ces réflexions n'échappèrent pas au vieillard, qui fut obligé d'avouer aux intéressés qu'il lui restait bien peu d'espérance de parvenir jamais à la vérité.

Cette nouvelle ne parut nullement surprendre le meunier et la meunière de Vernay ; ils s'y attendaient. Lili et sa femme, malgré les exhortations de leur pasteur, étaient convaincus que le malheur de leur nièce ne pouvait être attribué qu'à une puissance infernale ; Suzette elle-même, sûre de sa bonne foi et ne pouvant s'expliquer son malheur que par un prodige, finit par adopter tout à fait cette opinion, et sa vie devint plus triste et plus solitaire encore qu'auparavant.

Un soir qu'elle était seule avec Jacqueline, elle lui dit tout à coup avec fermeté :

— Tante, il faut que cela finisse ; je veux savoir la vérité.... si je fais mal, que Dieu me le pardonne !

— Et comment feras-tu ? demanda la meunière avec effroi.

— On dit que Michel Cloche-Pied, le vieil oiseleur est sorcier et qu'il sait tout ce qui se passe sur la terre et ailleurs ; j'irai le consulter demain.

Cette résolution parut à Jacqueline une inspiration d'en haut.

— Tu feras bien, dit-elle ; j'ai toujours en, tendu dire que Michel avait des secrets merveilleux ; on prétend qu'il a fait voir le diable à Pouliquon pour dix écus ; il a guéri les vaches de Lavignette rien qu'en prononçant quelques mots de grimoire, et il a coupé les fièvres du petit Guillaume en lui suspendant au cou une noix enveloppée dans un morceau de toile. Oui, c'est une bonne idée que tu as eue là. Michel sait mieux que personne jeter un sort et dire la bonne aventure, et certainement si quelqu'un peut t'apprendre la vérité sur ton malheur, c'est monsieur Michel. Il faut donc aller le trouver à la terre des Jauges, où il a tendu ses lacets à alouettes. Est-ce que tu souhaites, continua-t-elle d'un air de répugnance, que je t'accompagne ?

— Non, tante, j'irai seule si vous le permettez. Seulement on dit que Michel exige beaucoup d'argent pour faire ses sortilèges et...

— Tu auras tout ce qui te sera nécessaire, dit Jacqueline avec précipitation et en baissant la voix ; j'ai épargné quelques écus à l'insu de Lili, je te les donnerai. Tu as raison ; je crois que, toute réflexion faite, il vaut mieux que tu ailles seule ; mais tu me diras tout, n'est-ce pas ? je veux que tu me dises tout, si effrayant que ce soit !

Suzette promit tout ce que voulut sa tante, aussi curieuse que superstitieuse. Le lendemain fut le jour choisi par la jeune fille pour aller consulter le devin qui devait lui apprendre le secret de sa destinée.

III

Michel Cloche-Pied, le sorcier dont la science douteuse était désormais le seul espoir de Suzette, était un de ces vieux paysans, moitié rusés, moitié naïfs, dont on ne sait si l'on doit admirer le plus la simplicité ou la malice. Il était boiteux, comme l'indique son surnom, et cette infirmité le rendait impropre à la plupart des travaux de l'agriculture, il avait dû choisir dès son enfance une industrie qui pût s'allier avec sa fâcheuse conformation ; il s'était donc fait chasseur d'alouettes, profession sédentaire que de récentes ordonnances de chasse viennent de ruiner, mais qui autrefois était assez lucrative dans le pays où l'alouette abonde. Malheureusement ce genre de chasse n'était possible que pendant trois mois de l'année, et il fallait vivre pendant les douze : aussi l'oiseleur dut-il chercher une occupation supplémentaire pour les neuf mois où le braconnage est à peu près interdit.

Tant qu'il fut jeune et encore un peu ingambe, Michel se fit, par circonstance, tondeur de moutons, preneur de taupes et destructeur de toutes sortes d'animaux nuisibles ; mais lorsque l'âge fut venu, il lui fallut encore renoncer à ces différentes industries d'été. Ce fut alors qu'il accepta le titre de sorcier, que sa vie nomade et solitaire lui avait fait donner avant qu'il songeât à le prendre, et il se trouva si bien de cette profession nouvelle qu'il ne la quitta plus. Un peu d'adresse, un caractère triste et concentré, une conformation hideuse, furent ses principaux éléments de succès ; la crédulité grossière des paysans du voisinage fit le reste. Enfin, à l'époque dont nous parlons, Michel Cloche-Pied avait quatre-vingts ans, et tout le pays était si bien convaincu qu'il était sorcier, que le bonhomme avait presque fini par le croire lui-même.

Il est vrai que le genre de vie du vieil oiseleur était on ne peut plus propre à cette espèce de contemplation mystérieuse que le vulgaire attribue aux individus qu'il suppose doués d'un pouvoir surnaturel. Pendant toute la saison de la chasse aux alouettes, c'est-à-dire pendant les mois les plus rigoureux de l'année, Michel passait ses journées et quelquefois ses nuits dans la petite cabane de terre qu'il avait élevée lui-même au milieu du champ où étaient établis ses lacets. Là il vivait seul, n'ayant de rapports qu'avec les enfants chargés de lui apporter sa nourriture de chaque jour, ou bien avec les marchands de volaille qui lui achetaient son gibier pour aller le vendre à la ville voisine. Michel avait cependant son domicile légal (une méchante masure isolée, qui n'avait guère meilleure apparence que sa cabane de pipée), mais il était si peu communicatif, si farouche même, qu'il fallait avoir absolument besoin de ses services pour oser s'approcher de se demeure.

Il est vrai de dire que rarement on s'éloignait de Michel sans avoir obtenu satisfaction à juste prix sur ce qu'on lui demandait. S'agissait-il d'une brebis perdue, d'un bœuf malade, Michel désignait parfaitement l'endroit où devait se retrouver la brebis, et il lui donnait le remède qui guérissait le bœuf infailliblement. Il y avait bien quelques incrédules qui prétendaient que si on retrouvait la bête égarée, c'était que Michel lui-même l'avait cachée à l'endroit désigné, que si le bœuf en question guérissait, c'était que Michel avait quelques recettes de vétérinaire dont tout le monde pouvait user aussi bien que lui ; on n'en criait pas moins au miracle, et on avertissait les incrédules de prendre garde à eux, parce qu'une bonne fièvre quarte envoyée par le sorcier pourrait bien être la punition de leur audace.

Tel était le personnage que Suzette désirait consulter, supposant naturellement qu'il pourrait mieux que personne éclaircir un événement auquel le diable ne paraissait pas étranger. Cependant la jeune fille, en se préparant à l'excursion projetée, n'avait pas négligé les moyens humains de se rendre favorable ce représentant de Satan sur la terre ; elle avait mis dans un petit panier du pain blanc, de la viande froide et une bouteille de vin, à l'effet d'apprivoiser le suppôt de l'enfer. Outre cela elle avait en poche quelques écus, fruit des épargnes de sa tante, et elle savait que de tous les moyens de séduction celui-là devait être le plus puissant sur le sorcier.

Suzette se mit donc en marche le lendemain du jour où elle avait eu avec sa tante la conversation que nous avons rapportée. Elle sortit de bonne heure du village afin d'échapper aux observations des gens de Vernay, qui n'eussent pas manqué d'épier ses démarches. Pour comble de précautions, elle s'était enveloppée dans sa mante dont elle avait relevé le capuchon de manière à cacher ses traits. Ainsi accoutrée et portant à son bras le précieux panier dont le contenu devait délier la langue du Calchas en sabots, la jeune fille se glissa hors du village sans être aperçue, et se dirigea vers le canton où, disait-on, Michel Cloche-Pied avait établi ses lacets cette année-là.

On était alors au mois de février ; la matinée était fraîche, et une légère couche de gelée blanche était répandue sur les buissons et sur les arbres dépouillés de feuilles qui bordaient le chemin. Le soleil se levait derrière une des collines qui avoisinaient La borderie et donnait, par ses teintes d'un rouge pâle, un aspect riant au paysage. Des rouges-gorges, des roitelets, des mésanges, ces chantres de l'hiver, pépiaient déjà dans les broussailles en cherchant leur déjeuner ; dans le lointain on entendait le tic-tac du moulin de Lili et le bruit de la petite chute d'eau qui faisait tourner les meules. C'était enfin un joli tableau où ne manquaient ni la gaieté ni le mouvement.

La pauvre enfant, qui depuis plusieurs mois était restée enfermée dans une chambre sans air et sans lumière, fut délicieusement réjouie par cet aspect de la nature. Elle marchait d'un air plus gai et plus délibéré qu'elle ne l'avait fait depuis bien longtemps ; cet air vif, ce brillant soleil, ce chant joyeux des oiseaux, ramenaient dans son âme toute sa sérénité d'autrefois, et les images effrayantes qui la poursuivaient partout se dissipaient en ce moment comme se dissipent le matin les rêves fâcheux d'une nuit agitée.

Cependant une circonstance devait nécessairement réveiller les idées lugubres auxquelles la jeune fille voulait échapper. Pour se rendre à l'endroit où Michel Cloche-Pied avait assis son camp, il fallait traverser cet effrayant carrefour où avait eu lieu l'apparition du loup-garou trois mois auparavant, et l'on devine ce que la vue d'un tel lieu avait de terrible pour la pauvre Suzette. Lorsqu'elle aperçut la croix de bois toute neuve que les gens du pays avaient fait élever à l'un des angles du carrefour depuis l'événement, pour en chasser désormais l'esprit malin, elle sentit ses jambes fléchir sous elle et son cœur défaillir.

Heureusement un traquet de l'espèce appelée pied-noir était perché sur l'un des bras de la croix et chantait joyeusement. Ce fait quelque indifférent qu'il fût, releva l'énergie de Suzette ; la présence de ce petit oiseau si éveillé et si babillard ne pouvait être qu'un présage rassurant ; aussi la jeune fille se signa dévotement et passa en remerciant mentalement la jolie créature que Dieu avait envoyée là pour lui rendre la force et le courage.

Ce périlleux endroit franchi, la nièce de Lili continua lentement sa route. Elle venait de s'engager dans un chemin creux, bordé d'un côté par des houx verdoyants, et de l'autre par une de ces murailles en pierre sèche, si fragiles qu'elles s'écrouleraient sous les pieds de l'imprudent qui oserait les escalader, propriété qui les rend plus redoutables aux voleurs que si elles étaient solidement bâties à chaux et à sable et élevées de six pieds. La jeune fille avançait tranquillement, se laissant aller à ses vagues rêveries, lorsque tout à coup un bruit de pas qui résonna à quelque distance la fit tressaillir. Elle leva la tête et aperçut un jeune homme d'une taille élégante qui tournait l'angle du chemin et s'avançait de son côté.

La présence d'un individu de la classe bourgeoise dans cet endroit désert surprit d'abord la jeune promeneuse, mais la réflexion lui fit comprendre aussitôt que cet inconnu était sans doute quelque propriétaire du voisinage qui visitait ses domaines. Comme il allait précisément du côté opposé à celui qu'elle suivait, elle pensa qu'elle en serait quitte pour la salutation banale que riches et pauvres échangent entre eux lorsqu'ils se rencontrent dans la campagne. Elle baissa donc les yeux et elle murmura d'une voix douce et timide, quand elle fut près de l'étranger

— Bonjour et bonne heure, monsieur.

Ce fut le tour du jeune homme de tressaillir. Il s'arrêta et regarda fixement la petite paysanne comme pour apercevoir ses traits sous le capuchon de serge noire qui les cachait entièrement. Cependant cet examen, peut-être un peu trop hardi, ne l'empêcha pas de rendre son salut à la nièce du meunier d'un ton plein de bienveillance.

Après cet échange de politesse, il n'y avait plus rien à dire, et Suzette continua son chemin ; mais au moment où elle passa près de l'étranger, il reprit en français, langue que la jeune fille parlait assez bien, quoique le patois fût beaucoup plus en usage dans sa famille

— Vous êtes sans doute de Vernay, ma bonne femme ?

— Oui, monsieur, répondit Suzette en marchant toujours.

L'étranger hésita pendant quelques secondes, puis il fit volte-face et se mit à marcher côte à côte de Suzette.

— Puisque vous êtes de Vernay, causons un peu, continua-t-il familièrement ; je suis le fils du notaire de Bonnat et je me promenais de ce côté pour m'assurer que les gens de votre village n'usent pas des propriétés de mon père comme de leurs propres, car il leur arrive souvent de se tromper à cet égard. Si vous allez vous-même à Bonnat, nous ferons route ensemble.

En apprenant que le personnage qui lui imposait si cavalièrement sa compagnie était le fils du plus riche propriétaire du pays. Suzette ne put se défendre d'un sentiment de curiosité et elle examina le jeune homme avec plus d'attention qu'auparavant. Il était grand et mince, d'une figure ouverte où pétillaient la malice et la gaieté. La blancheur de son visage et de ses mains témoignait qu'il avait passé la plus grande partie de sa vie à l'ombre des villes ; et en effet, Frédéric Desroches, le personnage en question, était arrivé récemment de Paris avec un diplôme d'avocat, et il se disposait à occuper la charge de notaire que le vieux richard lui avait réservée. IL était vêtu à la mode du temps : redingote à larges revers, bottes à la polonaise, gilet tabac d'Espagne, chapeau rond, rien n'y manquait de ce qui constituait alors le négligé d'un petit-maitre, et il tenait à la main une jolie cravache à pomme d'or dont il jouait négligemment. Tant de luxe et d'élégance éblouit et intimida Suzette.

— Je ne vais pas à Bonnat, répondit-elle d'un air embarrassé.

— Soit, dit le fils du notaire d'un ton distrait ; mais cela n'empêche pas que nous fassions un bout de chemin ensemble ; et puisque vous êtes de Vernay, dis-moi donc ce qu'il y a de nouveau dans votre village.

— Rien, répondit la jeune fille, dont cette insistance du bel étranger à la suivre augmentait l'inquiétude.

Cependant Frédéric semblait faire peu d'attention à sa jolie compagne de route ; il ne la regardait plus, et peut-être ignorait-il encore qu'elle était jolie. Il marchait à côté d'elle d'un air préoccupé, comme s'il eût cherché le moyen d'aborder une question difficile.

— Quoi ! demanda-t-il d'un ton léger, ne parle-t-on plus déjà de cette apparition de loup-garou qui a tant effrayé les bonnes gens du village ?

— On n'en parle plus, répondit avec son laconisme habituel Suzette, à qui d'ailleurs cette question était particulièrement désagréable.

— Ah ! ah ! ah ! répondit le jeune Desroches en riant d'un rire un peu forcé, ils devaient tous avoir de singulières mines après cette aventure ; il est vrai qu'ils avaient bien mérité cette leçon du diable, car il paraît que mon père n'avait pas été épargné dans cette veillée. D'honneur ! j'aurai voulu entendre les contes merveilleux qu'on a dû faire là-bas chez vous, à propos de ce bilieux loup-garou. On m'a dit, continua-t-il d'un ton plus sérieux, qu'une jeune fille avait été malade de frayeur à la suite de cette affaire ; la connaissez-vous ?

— Oui.... je ne sais..... pas je n'ai rien entendu dire de pareil, murmura Suzette dans un cruel embarras.

— On m'avait assuré le contraire, mais c'est une folie sans doute. Cependant je suis sûr d'avoir entendu dire qu'une fille avait été emportée par le loup-garou. J'étais bien à Bonnat lorsque l'histoire est arrivée, mais je suis parti deux jours après pour la ville, et je n'ai pas pu connaître les suites de cette aventure. Voyons, ma brave femme, dites-moi ce que vous savez. Est-elle jolie, celle qui est restée au pouvoir du loup-garou ?

— Je l'ignore.

— Vous n'êtes pas bavarde, ma commère, dit Frédéric avec impatience. Que diable, il faut vous arracher chaque mot ! Je parie que vous, qui voulez faire la discrète, vous étiez à la veillée chez Lavignette.

Suzette resta quelques instants sans répondre, puis tout à coup elle s'arrêta, et désignant un embranchement de chemin, elle reprit avec précipitation :

— Voici le chemin de Bonnat. Adieu, monsieur ; moi, je vais de ce côté.

— Vous ne m'échapperez pas ainsi, s'écria Frédéric en la saisissant par sa mante. Si vous êtes de Vernay, vous devez savoir quelque chose sur la personne dont je vous parle, et vous semblez prendre à tâche de ne pas me répondre.

— Eh bien ! oui, monsieur, dit Suzette avec effort et d'une voix tremblante, il y a à Vernay une pauvre fille qui est bien à plaindre, et ce serait dommage qu'un beau monsieur comme vous songeât à rire de son malheur.

Ces paroles semblèrent produire une vive impression sur Frédéric.

— Je n'ai pas la pensée d'insulter au malheur de celle dont vous parlez, dit-il avec chaleur ; mai j'ai intérêt à la connaître, à savoir son nom, et je vous prie de me dire ce que vous avez pu apprendre sur elle.

Suzette hésita encore.

— À quoi cela servirait-il ? dit-elle enfin avec un profond soupir.

En même temps elle chercha à dégager sa mante et elle y parvint en effet, mais dans le mouvement qu'elle fit, son capuchon retomba en arrière et laissa voir son visage frais et gracieux.

— La nièce du meunier ! s'écria le jeune légiste au comble de la surprise.

— Vous me connaissez donc ? demanda la jeune fille en rougissant ; eh bien ! monsieur, cette pauvre fille dont vous parliez, c'était moi !

En même temps, comme si elle eût voulu cacher sa confusion, elle releva son capuchon et continua sa route sans que Desroches tentât de la poursuivre, soit que cette explication lui parût suffisante, soit que l'étonnement lui eût ôte toute présence d'esprit. Suzette, en fuyant ; retourna deux ou trois fois la tête par une curiosité féminine plus forte que toute préoccupation : Frédéric était debout à la place où elle l'avait laissé, les yeux tournés vers elle, dans une attitude pensive et résolue.

On peut croire que cette singulière rencontre occupa l'imagination de Suzette pendant la route qu'il lui restait à faire, mais à mesure qu'elle avançait vers l'endroit où elle devait trouver le redoutable sorcier, ce souvenir s'effaçait peu à peu, et lorsqu'elle aperçut enfin la terre des Jauges, toutes les autres impressions firent place à ce serrement de cœur que donne l'attente d'un événement important.

La terre des Jauges était un terrain immense laissé en jachère cette année-là et qui avait fait primitivement partie d'une lande stérile dont les fougères flétries et les ajoncs desséchés s'étendaient à perte de vue. Cette terre était entourée d'une haie vive surmontée çà et là par quelques trembles au feuillage grêle et par quelques-uns de ces chênes courts, noueux, à feuilles touffues, de l'espèce que les anciens appelaient *robur*. Cependant, malgré cette clôture, l'enceinte était si vaste que rien n'empêchait l'œil d'embrasser un horizon étendu et de suivre dans les airs le vol du gibier. Cette place était donc bien choisie pour la chasse, d'autant mieux qu'elle était solitaire, silencieuse et éloignée d'une lieue au moins des habitations les plus rapprochées.

Suzette, en arrivant sur la lisière du champ, promena un regard attentif autour d'elle pour chercher la petite hutte où devait se tenir le vieil oiseleur, mais cette hutte était si bien masquée par une ondulation du terrain et par quelques halliers, que la jeune fille ne l'aperçut pas d'abord. Après un instant d'examen, elle supposa que la demeure temporaire de Michel devait être située à l'extrémité du champ, dans un endroit dont elle ne pouvait scruter tous les recoins à la distance d'où elle était. Elle se dirigea donc de ce côté et, afin de ne pas faire de détours inutiles, elle marcha droit devant elle, enjambant lestement les sillons encore couverts du chaume court et sec qui reste debout après la moisson.

Si Suzette avait eu la pensée que Michel Cloche-Pied n'était pas dans le voisinage, elle en eût été promptement détrompée. À chaque pas qu'elle faisait à travers le champ en jachère, elle apercevait des brindilles de bois auxquelles était suspendu un nœud coulant de crin, espèces de potences destinées aux pauvres oisillons qui osaient s'arrêter dans ce lieu fatal. Le sol était entièrement couvert de ces pièges fragiles, et certes, à une pareille heure de la journée, au moment le plus favorable pour ce genre de chasse, le vieil oiseleur devait être à portée de veiller sur ses prises. Au bruit que faisait la jeune fille en marchant, ceux des pauvres pendus qui n'avaient pas encore été tués par le fatal lacet se débattaient avec désespoir et cherchaient bien inutilement à fuir. Là c'était une jolie alouette à huppe grise qui s'élevait tout à coup en poussant un petit cri de terreur et qui retombait lourdement, retenue par la fatale attache de crin ; là c'était un verdier au plumage d'or, ou un chardonneret à tête rouge, qui voltigeaient douloureusement autour du piège et expiaient cruellement le caprice qu'ils avaient eu de venir chercher leur repas du matin sur ce terrain perfide.

En toute autre circonstance la jeune fille se fût attendrie peut-être sur les souffrances de ces charmantes petites bêtes qu'elle voyait mourantes à ses pieds ; mais son propre sort la préoccupait trop en ce moment pour que sa pitié pût avoir un autre objet qu'elle-même, et elle continua d'avancer rapidement en se gardant d'endommager les lacets qui hérissaient le sol autour d'elle ce qui n'eût pas bien disposé le sorcier en sa faveur.

Cette crainte, si elle l'eut, n'était que trop fondée ; au moment où elle aperçut enfin, adossée à la haie, la hutte de glaise et de branchages, assez semblable à une ruche d'abeilles, où se cachait l'oiseleur, elle entendit tout à coup une voix enrouée qui semblait sortir de dessous terre et qui lui disait en patois du ton de la colère.

— Au diable soit la pécore ! a-t-on vu jamais traverser ainsi un champ de pipée ! Par mon âme, elle a fait fuir la plus belle volée d'alouettes qu'un *lauvetaire* ait jamais mise dans sa gibecière !

Une quinte de toux interrompit cette véhémente apostrophe, et presqu'au même instant celui qui venait de l'adresser à la fille sortit en rampant de la hutte, dont l'entrée avait au plus deux pieds d'élévation.

Michel était de petite taille, maigre et chétif.

Outre sa claudication naturelle, des maladies résultant de sa vie en plein air et de ses longues veilles au froid et à l'humidité, avaient si bien tordu son misérable corps, qu'il conservait à peine forme humaine. Il était courbé presqu'à angle droit, et, de ses deux jambes, il était assez difficile de reconnaître celle qui était contrefaite de naissance, tant elles étaient faibles et déviées toutes les deux par l'habitude d'être accroupi. Il avait la tête chauve et branlante ; son visage, couvert jusqu'à moitié d'une barbe blanche, était sillonné d'une immense quantité de rides profondes et dures. Ses yeux, bordés d'un cercle rouge, étaient ternes, vitreux, bien qu'ils eussent encore une certaine expression d'astuce et de méchanceté. Il était vêtu d'affreux haillons qui présentaient toutes sortes de couleurs ternes et sales, et sa main encore souillée du sang des pauvres oiseaux qu'il achevait de tuer dans sa cabine, s'appuyait sur une petite béquille, sans laquelle il lui eut été impossible de faire un pas.

Bien que Suzette eût déjà eu occasion de voir Michel Cloche-Pied, il lui sembla qu'elle ne l'avait jamais trouvé aussi hideux, aussi repoussant : Elle frissonna et elle se détourna avec dégoût, pendant que le sorcier, appuyé sur sa béquille, la regardait d'un air bourru et mécontent.

— Eh bien ! que me-veux-tu ? continua-t-il de sa voix enrouée, est-ce pour ton plaisir que tu as traversé ma pipée et que tu as sans doute cassé mes pièges ? Si cela était, il pourrait t'en arriver malheur.

La jeune fille trouva enfin la force de prononcer quelques mots, et elle répondit timidement, sans oser encore regarder en face le terrible oiseleur :

— Je vous en prie, monsieur Michel, ne vous fâchez pas. Si je vous ai causé quelque dommage, je suis prête à vous le bien payer. Et tenez, continua-t-elle en lui présentant son panier ouvert, voici quelques provisions que je vous apporte pour votre déjeuner.

Michel jeta un regard avide dans le panier, et cette investigation le calma tout à coup. Il hocha la tête d'un air malin, fit une grimace qui était son sourire de contentement suprême, et il reprit d'un ton plus gracieux :

— Allons, allons, tu es bonne fille ; viens t'asseoir à côté de moi, et ne fais pas de bruit, car tu effraierais les oiseaux. Je sais ce que tu veux, tu seras contente de moi.

En même temps il fit signe à Suzette de prendre place sur une espèce de banc de pierre qui était adossé à la hutte, et sur lequel il s'assit lui-même. La jeune fille obéit toute tremblante, car ces mots : « Je sais ce que tu veux, » lui avaient rappelé la puissance mystérieuse de son interlocuteur, et sa frayeur augmentait à mesure que le moment de l'explication approchait.

Or, il est bon de savoir que ce terrible *je sais ce que tu veux* n'était dans la bouche du vieux Michel qu'une espèce de formule banale avec laquelle il accueillait tous ceux qui s'adressaient à lui. La plupart du temps Michel ne s'avait pas du tout ce que l'on voulait, mais il jetait toujours ce mot en avant, bien sûr qu'avec des gens simples comme ses pratiques ordinaires, il ne risquait rien à montrer de l'assurance. Suzette, en débutant ainsi par de somptueux présents, avait évidemment affaire au sorcier plutôt qu'à l'oiseleur, et Michel, en affirmant à l'avance qu'il s'avait ce qu'elle voulait, n'avait fait qu'une jonglerie dont la naïve enfant était la dupe.

— Oui, oui, monsieur Michel, dit-elle en soupirant, vous qui savez tout, vous ne devez pas ignorer ma triste histoire... Je viens vous demander vos conseils et votre secours... Mais avant de causer, vous avez peut-être besoin de déjeuner ; mangez, monsieur Michel, tout cela est pour vous.

En même temps, elle étala ses provisions devant le sorcier, qui les regardait d'un œil de complaisance.

— Je dois préparer aujourd'hui un charme qui m'oblige de jeûner, dit-il majestueusement, tandis que des pelures de châtaignes jetées sur le seuil de la cabane attestaient que le sorcier n'en était plus à son premier repas de la journée ; mais pour te faire honneur, jeune fille, continua-t-il d'un air plus doux, je vais manger un morceau et boire un coup de vin... Je préparerai mon charme demain.

En même temps il tira de sa poche un vieux couteau tout usé et tout branlant comme lui-même, il coupa en deux un pain blanc que Suzette avait apporté, plaça sur une moitié un gros morceau de viande froide et il se mit à l'œuvre avec un vigoureux appétit.

Un homme qui mange n'a pas beaucoup de dignité, et Suzette reprit un peu de courage au bruit des mâchoires de son interlocuteur. Elle osa le regarder d'abord à la dérobée, puis, se familiarisant peu à peu, elle se mit à suivre avec attention chacun de ses mouvements, et en voyant la remarquable dextérité du sorcier à faire disparaître les provisions, la jeune fille ne put s'empêcher de penser que le diable devait laisser quelquefois jeûner ses favoris. De son côté, le vieillard observait curieusement la fille dm meunier, et son œil gris, plein de pénétration et de méchanceté, s'attachait par moments sur elle avec une fixité gênante. Tous les deux gardèrent le silence pendant que dura le repas ; mais enfin Michel referma son couteau, s'essuya la bouche avec sa manche, cacha le panier et le restant des provisions dans un coin de sa cabane, puis s'adressant à la jeune visiteuse, il lui dit d'un air sérieux :

— Voyons, petite ; parle, que me demandes-tu ?

La pauvre Suzette fit un mouvement de surprise ; elle avait supposé que la science magique du sorcier, qui embrassait le présent, le passé et l'avenir, lui épargnerait au moins un aveu pénible.

— Monsieur Michel, dit-elle en rougissant, je croyais que vous saviez pourquoi j'étais venue.

— Sans doute, sans doute, reprit le vieillard un peu embarrassé, je le sais aussi bien que toi... mais, hein ! tu comprends... je voudrais savoir si tu mens...

Une quinte de toux lui coupa fort opportunément la parole pour lui permettre d'attendre la réponse de Suzette. Mais toute crédule qu'elle était, la jeune fille trouva le piège trop grossier et elle se tint sur ses gardes.

— Monsieur Michel, dit-elle avec une certaine fermeté, si vous avez vraiment le pouvoir de m'aider, vous devez avoir aussi celui de deviner le motif qui m'amène.

Cette hardiesse, à laquelle ses chalands ordinaires ne l'avaient pas habitué, excita la colère du sorcier.

— Tu mériterais, reprit-il d'un ton irrité, que je refusasse de me mêler de tes affaires.... A-t-on vu pareille insolence ! mais je reconnais bien à cette parole la nièce du meunier Lili, le plus obstiné et le plus incrédule de la paroisse... Dis bien à ton oncle, petite, que j'ai l'œil sur lui et que s'il continue à mal parler ou à mal penser des choses qu'il ne peut pas comprendre...

— Je vous en prie, monsieur Michel, interrompit la jeune fille avec précipitation, ne vous mettez pas en colère contre mon oncle ; je vous assure qu'il
n'est plus le même qu'autrefois.

Maintenant il va à l'église, il ne jure presque plus, et certainement monsieur Michel, s'il pouvait vous rendre quelque service, il le ferait volontiers.
Oh ! oui, il est bien changé depuis... depuis la soirée que le loup-garou... mais
je n'ai pas besoin de vous rappeler le souvenir de ce que vous savez mieux que
moi.

Le sorcier prit un air superbe et dit en souriant dédaigneusement :

— Comment ne le saurais-je pas, puisque c'est moi qui ai envoyé le loup-
garou pour donner une leçon aux gens de Vernay, qui sont tous des ladres et
des vauriens ? Écoute, jeune fille, tu as la langue un peu légère, mais je t'ai prise
en affection parce que tu m'as apporté du bon pain blanc et du vin qui n'a pas
son pareil. C'est bien ; apporte m'en souvent comme cela et je te promets ma
protection ; maintenant donc je veux que tu apprennes aux gens de Vernay
que je ne suis pas content d'eux parce qu'ils inventent sur moi des tas
d'horreurs et parce qu'ils ne viennent pas me consulter comme les gens de
Bonnat. Dis leur aussi que cette fois je leur ai envoyé un petit loup-garou pour
rire, un rien, une bagatelle, histoire de leur dégourdir un peu les jambes, mais
que s'ils ne se corrigent pas, je leur enverrai, quelque belle nuit, un diable si
gros, si grand et si méchant, qu'il leur tordra le cou à tous avec autant de facilité que je le fais à cet oiseau-là...

En même temps le sorcier, pour rendre la menace plus terrible, allongea la
main, saisit au hasard dans un petit filet une alouette récemment prise, et il la
tua sur-le-champ avec une dextérité singulière en pressant entre l'index et le
pouce le corps de la pauvre bête.

Cependant cette démonstration n'eut pas sur Suzette tout l'effet qu'il en
attendait peut-être. La jeune fille était agitée, et une pâleur subite avait rempla-
cé sa rougeur d'auparavant.

— C'est vous qui avez envoyé le loup-garou ? dit-elle d'une voix étouffée ; oh ! si cela est, vous allez me le faire connaître enfin... vous me direz quel est parmi les hommes le nom de celui qui m'a cruellement trompée.

Michel parut fort occupé à réparer un lacet dont le nœud coulant avait été rompu. Le vieux rusé avait bien entendu parler vaguement de l'apparition du loup-garou, et il lui avait été facile de s'attribuer l'honneur de cette aventure, mais les dernières paroles de la jeune fille lui donnaient à penser qu'il s'était passé encore quelque chose qu'il ignorait. Cependant il ne se laissa pas désarçonner, et il reprit avec un calme parfait :

— Certainement, je te dirai tout ce que tu voudras... c'est-à dire entendons-nous, si... Mais qu'est-ce qui nous vient là ! continua-t-il en regardant le ciel ; sur ma foi, c'est une volée d'oiseaux comme j'en ai peu vu cette année.

Aussitôt il porta à sa bouche un appeau à alouettes qui était suspendu à son cou par un cordon crasseux, et il en tira des sons aigus et précipités ; en même temps il agita des deux mains les ficelles auxquelles étaient attachées les moquettes et qui venaient toutes se réunir à l'entrée de la hutte. Des pauvres oiseaux qui servaient de *moquettes* ou *d'appelants*, sollicités par ce brusque mouvement, se mirent à voltiger et à chanter, si bien que la bande voyageuse s'abattit tout entière sur le champ fatal. L'oiseleur fit entendre un rire qui ressemblait à une toux de poitrinaire.

— Hein ! que dis-tu de cela ? demanda-t-il d'un air de triomphe, ils viennent de plus de cent lieues attirés par des paroles magiques que j'ai prononcées ce matin... Tu les as vus se poser, il n'en est pas beaucoup qui se relèveront, je te le promets... Mais, continua-t-il d'un ton dégagé, revenons à ton affaire, petite ; il paraît qu'il t'est arrivé quelque malheur ; je parie qu'il s'agit de quelque amourette ? Eh ! eh ! ajouta-t-il en la regardant d'un air qui voulait être gracieux, je ne serais pas étonné si le diable lui-même devenait amoureux de toi ; tu es bien assez jolie pour ça !

Ce compliment, au moyen duquel le sorcier avait voulu simplement se rendre favorable la trop discrète jeune fille, la frappa vivement, parce qu'elle le prit à la lettre. Pour le coup il ne lui restait pas de doute que Michel, malgré son air indifférent, ne sût toute la vérité.

— C'est donc vrai, monsieur Michel ? demanda-t-elle avec épouvante ; il est donc vrai que c'était le démon lui-même !

À ces mots elle fondit en larmes et elle se cacha le visage dans son tablier, de sorte qu'elle ne put voir l'étonnement fort naturel qui se peignit sur les traits du sorcier à cette nouvelle. Mais le vieux sournois n'était pas homme à se laisser longtemps surprendre par un événement si extraordinaire qu'il fût ; il reprit bientôt avec un aplomb digne d'un diplomate :

— Explique-toi, jeune fille : est-il bien vrai que ton séducteur est le loup-garou que j'ai envoyé aux Quatre-Chemins le premier vendredi de l'Avent ?

— C'est vrai, murmura la jeune fille. Le sorcier prit un air fâché.

— Il ne m'avait pas dit cela, s'écria-t-il en élevant sa béquille d'un air menaçant, je ne lui avais pas permis cela, mais ces coquins n'en font qu'à leur tête... Ah ! monsieur a osé outrepasser mes ordres et se cacher de moi ? Eh bien, je te promets qu'il lui en cuira... foi de Michel, je lui coudrai sa peau sur le corps avec une aiguille rougie ! Je te promets, petite, que tu seras contente.

Suzette avait un vague soupçon de l'impuissance du sorcier à réaliser toutes ses menaces ; cependant elle croyait encore assez à lui pour suivre son projet.

— Je ne vous demande pas tant, monsieur Michel, reprit-elle, faites-moi connaître seulement la personne qui était revêtue d'une peau de loup-garou dans la nuit que vous savez elle doit être du pays. Quand je la connaîtrai, je verrai ce que j'aurai à faire.

Le sorcier baissa la tête, s'appuya sur sa béquille et eut l'air de réfléchir profondément.

— Tu demandes beaucoup, dit-il enfin d'un ton sentencieux, tu demandes trop pour la méchante bouteille de vin, le pain dur et le morceau de viande moisie que tu m'as donnés... Je puis préparer un charme pour te faire voir de tes yeux celui qui t'a trompée, mais... as-tu de l'argent ?

Suzette attendait sans doute cette question, car elle avait glissé sa main dans sa poche et elle allait en retirer tout le trésor de Jacqueline, lorsqu'elle se souvint que sa tante, qui connaissait de longue main l'avarice de Michel, l'avait avertie de ne pas trop se presser de lui accorder ce qu'il demanderait.

J'ai en effet quelque chose, répondit-elle simplement, et j'espère pouvoir vous offrir assez pour reconnaître le service que vous m'aurez rendu.

Les regards du vieillard s'animèrent, il frotta l'une contre l'autre ses deux mains ridées.

— En ce cas-là reprit-avec volubilité, tu verras celui qui était loup-garou pendant l'Avent dernier aussi près que tu tue vois ; mais ça te coûtera quatre écus...

— Les voici, dit la jeune fille ; mais quand le verrai-je ?

Cloche-Pied reçut l'argent et dit en le faisant disparaître lestement :

— Dans trois jours ; il faut que j'aie le temps de composer le charme, d'aller chercher des œufs de serpent, de recueillir à minuit et en marchant à reculons des herbes qui croissent dans les précipices, que je me procure de la graisse humaine, et...

— Ne pourriez-vous me le faire voir dès ce soir ?

Le sorcier hésita.

— Je le puis, dit-il enfin, mais tu comprends que ça coûtera plus cher... un écu de plus.

— Le voici ; où faudra-t-il que je me rende pour le voir, pour lui parler ?

— Un moment, fit l'oiseleur avec un grand sérieux ; est-ce que tu crois qu'une personne qui est loup-garou se souvienne de ce qu'elle a fait pendant quelle rôdait la nuit dans la campagne ? il faut que tu me promettes que tu ne parleras pas de ton aventure à la personne que je te montrerai ; d'abord elle ne saurait pas ce que tu veux dire, pas plus que tu ne sais ce que tu peux faire en dormant. Comprends-tu bien cela ?

Cette observation était assez dans les idées superstitieuses du pays pour qu'elle n'eût pas lieu de surprendre beaucoup la nièce de Lili ; elle fit un signe d'assentiment.

— Maintenant, dit Michel d'un air gaillard, la chose ira toute seule ; tu veux voir ton séducteur tu le verras ce soir. Trouve-toi au moment précis du coucher du soleil derrière un buisson de houx qui est situé aux Quatre-Chemins ; tu diras trois *Pater* et trois *Ave* ; tu ne regarderas par derrière toi ; mais tu examineras avec soin tous les hommes qui traverseront le carrefour. Celui qui passera sans ôter son chapeau devant la croix sera le loup-garou ; tu vois que tu ne peux t'y tromper.

Suzette se leva précipitamment comme pour se rendre sur-le-champ à l'endroit désigné, bien qu'on fût à peine en ce moment au milieu du jour. Cette impatience parut de bon augure au rusé devin, qui soupçonnait encore quelques écus dans la pochette de sa dupe. Il retint la jeune fille par un geste amical :

— Tu as bien le temps, dit-il ; reste un peu avec moi, tu es une bonne fille. Ah ça, j'espère que tu ne vas pas avoir peur ce soir, si tu entends derrière toi quelque chose d'extraordinaire ; surtout garde-toi bien de faire le signe de la croix !

— Et que pourrai-je entendre, bon Dieu ! demanda Suzette avec inquiétude.

— Mais... des cris effrayants, des voix qui te diront des injures, peut-être des claquements de fouet et le bruit de la *chasse volante*. Je t'ai avertie, ne te retourne pas, ou je ne réponds de rien.

— Miséricorde ! je mourrai de peur. Monsieur Michel, vous qui savez tant de secrets, ne pourriez-vous me préserver de toutes ces terribles choses ? Je suis sûre que la frayeur m'empêchera de voir celui qui doit passer, si je sais qu'il y a des sortilèges derrière moi.

— Sans doute il y aurait un moyen ; mais... ça coutera de l'argent.

— Tenez, s'écria la jeune fille en tirant de sa poche un petit sac de toile qui contenait encore quelques écus.

Toutes les épargnes de Jacqueline avaient passé dans les mains du sorcier qui, après s'être assuré par un rapide coup d'œil que l'argent était de bon aloi, et que du reste Suzette n'avait rien gardé pour elle, parut animé des meilleures intentions pour la généreuse enfant.

— Allons ! reprit-il, je veux faire quelque chose pour toi... Je te promets que tu ne verras ni esprits, ni démons, ni revenants. Celui que tu veux connaître passera tranquillement devant toi à pied ou à cheval ou en charrette, selon son agrément, et il dira ni ne fera rien qui te fasse battre le cœur plus qu'à l'ordinaire. J'espère qu'il n'est pas possible d'être plus accommodant, et lorsque tu auras appris ce que tu veux savoir, je pense que tu n'oublieras pas le service que je t'aurai rendu... Allons ! adieu.., il faut que je visite mes lacets au plutôt que je fasse mon charme pour que ton affaire réussisse... Adieu, petite, je te promets ma protection, et si parfois tu as quelques pains blancs, et quelques bouteilles de vin de trop, ne manques pas de passer par ici.

Tout en parlant, Michel s'était levé, et, appuyé sur sa béquille, il se préparait à s'éloigner de sa petite visiteuse, Cependant, Suzette, malgré ce congé positif, ne s'éloignait pas encore ; elle se tenait debout et rouge de honte devant le sorcier, comme si elle hésitait à aborder une question pénible.

— Eh bien ! pourquoi ne t'en vas-tu pas ? demanda Michel avec colère ; je te dis que je vais préparer le charme ; veux-tu donc voir Satan sortir de terre sous tes yeux ?

— Dieu m'en préserve ! dit la fillette en se signant ? je voulais seulement vous demander... — Eh bien, quoi ?

— On m'a dit que mon enfant serait un démon horrible et qu'il n'aurait pas de bon ange...

— Allons, dit Cloche-Pied avec une longanimité parfaite, j'arrangerai encore cela : ton enfant sera un joli petit garçon aux yeux bleus et aux cheveux bouclés, et non-seulement il aura un ange gardien, mais il sera un ange lui-même dès qu'il aura reçu le baptême. Hein ! je crois que je suis accommodant et que tu ne dois pas te plaindre de moi ?

Suzette le remercia chaleureusement, mais le sorcier, qui avait une grande besogne à faire pour recueillir sa chasse, l'interrompit dans l'expression de sa gratitude par un geste d'impatience. Craignant de mécontenter cet important personnage, elle lui fit une modeste révérence et se dirigea vers le chemin Frayé, en observant toutefois de ne plus risquer d'endommager les lacets de l'oiseleur, ce qui eût pu altérer encore les sentiments bienveillants que lui avait montrés Michel Cloche-Pied. Dès qu'elle eut disparu à l'extrémité du champ, celui-ci qui avait conservé vis-à-vis d'elle un calme imposant, fit entendre son petit rire moqueur et murmura :

— Ma foi ! quelle s'arrange ! ce sera bien drôle ce soir, à la croix des Quatre-Chemins !

Il rit encore jusqu'à ce que son asthme vint arrêter cet accès de joie-méchante ; alors il entra dans sa cabane ; acheva de vider la bouteille que lui avait apportée Suzette, et se mit à l'ouvrage en fredonnant une chanson patoise ; il y avait des gens à Vernay qui eussent payé bien cher le plaisir d'entendre chanter le sombre vieillard.

De son côté, Suzette était beaucoup moins satisfaite de sa visite au sorcier. Il y a dans le mensonge quelque chose qui, sans éveiller dans les âmes simples mais droites une complète incrédulité, excite en elles une certaine défiance. Les ruses du vieux Michel étaient trop grossières pour que Suzette s'y fût laissé prendre entièrement, et, s'il faut le dire, elle n'avait qu'une confiance douteuse dans ses promesses. Cependant elle ne voulait rien négliger pour s'assurer de leur accomplissement ; elle croyait au pouvoir de Michel *sous bénéfice d'inventaire*, suivant la charmante expression de Lafontaine, c'est-à-dire, qu'elle ajournait son jugement soit pour soit contre ce pouvoir, jusqu'après l'événement ; sa crédulité et sa candeur ne pouvaient aller plus loin.

Elle était bien décidée à se rendre le soir même à l'endroit désigné par le devin, mais il y avait encore loin jusqu'au moment du coucher du soleil. D'un autre côté, la pauvre enfant ne se souciait pas d'aller attendre au village que l'heure fixée pour l'apparition fût venue ; il eût fallu pour cela entrer et sortir aux yeux de toutes les commères et de tous les oisifs de Vernay, qui n'eussent pas manqué d'épier ses démarches et d'en tirer des inductions peu charitables.

Suzette se mit donc à la recherche d'un endroit agréable et solitaire où elle pût attendre le soir. Elle était alors dans une petite vallée dont le chemin communal occupait le fond. À droite et à gauche s'élevaient des collines couvertes d'une herbe fine et drue qu'ombrageaient de grands châtaigniers. Un joli ruisseau coulait parallèlement au chemin sur un lit de sable et de cailloux blancs. Suzette ne pouvait désirer de lieu plus délicieux pour faire une halte. Elle quitta donc le chemin frayé et elle s'arrêta au pied d'un vieux châtaignier dont le tronc énorme avait été creusé par le temps et qui ne semblait plus se soutenir que par la force de son écorce épaisse et raboteuse. Là, elle s'assit sur un tapis de mousse verte et fraiche tout parsemé d'agarics ; puis, appuyant son front sur sa main, elle s'abandonna à ses rêveries.

Qui sait qu'elle direction prirent les pensées de cette pauvre enfant ? Toujours est-il que bientôt une larme glissa lentement sur sa joue fraîche et légèrement hâlée. Un rayon de soleil qui se jouait à travers le branchage du châtaignier faisait briller cette larme sur son gracieux visage volume une goutte de rosée sur le calice d'une fleur. Suzette, ne se croyant pas observée, avait rejeté en arrière la mante noire sous laquelle elle se cachait le matin, et elle laissait voir sa taille souple et bien prise. Ce petit bonnet rond et coquet qui lui avait fait tant d'envieuses à Vernay encadrait sa figure douce et régulière sans cacher les boucles blondes et courtes de ses cheveux coupés presque à la Titus, suivant la mode du temps. Suzette, au milieu de ce frais paysage, dans ce simple costume, dans cette pose pleine de grâce et d'abandon, avec cette jolie larme qui brillait sur sa joue comme une perle d'Orient, offrait elle-même un ravissant tableau.

En ce moment une voix s'écria près d'elle : — Elle est vraiment charmante !

Cette voix humaine qui s'élevait tout à coup dans ce lieu désert fit tressaillir la jeune fille ; son âme, préparée aux horribles apparitions, se glaça de terreur par avance. Elle se redressa vivement, et elle aperçut un jeune homme debout à quelques pas d'elle, une main appuyée contre un arbre dans l'attitude de la contemplation : c'était encore Frédéric Desroches.

En reconnaissant Frédéric, Suzette rougit et se leva précipitamment comme pour s'enfuir ; mais le jeune homme se voyant découvert, se rapprocha d'elle avec empressement.

— Mademoiselle, dit-il d'un ton d'exquise politesse qui contrastait avec sa familiarité dédaigneuse du matin, ne me permettriez-vous pas de vous tenir un moment compagnie ?

En même temps il la prit par la main et la força doucement de se rasseoir ; il s'assit lui-même auprès d'elle et la contempla un moment en silence. La pauvre fille, embarrassée et confuse, balbutia quelques mots d'excuse et fit un effort pour se relever, en murmurant qu'on l'attendait à Vernay ; mais Frédéric la retint encore et lui dit en souriant :

— Croyez-vous donc que j'ignore que vous avez tout votre temps à vous jusqu'au coucher du soleil ? Il n'y a pas loin d'ici aux Quatre-Chemins, et vous pourrez vous y rendre en un quart d'heure.

Cette connaissance si exacte d'un projet qu'elle n'avait communiqué à personne, frappa la jeune fille d'étonnement et d'épouvante. Son esprit, toujours préoccupé de sorcellerie, lui fit presque voir dans Frédéric Desroches, un nouvel adepte du démon. Ce sentiment sans doute n'échappa pas au jeune homme, car il reprit avec un sourire :

— Ne vous effrayez pas, charmante enfant ; vous saurez peut-être plus tard par quel moyen fort naturel j'ai connu votre dessein d'aller ce soir aux Quatre-Chemins : mais puisque le hasard nous a rapprochés pour la seconde fois de la journée, je désire profiter de ce moment pour causer un peu avec vous.

Ces paroles excitèrent plutôt la surprise que les alarmes de Suzette. Les manières de Frédéric étaient polies et affectueuses ; il y avait dans son accent, dans sa contenance, quelque chose de grave et même de mélancolique ; aussi renonça-t-elle pour le moment à son projet de fuite.

— Que peut-il y avoir de commun, demanda-t-elle timidement, entre un monsieur tel que vous et une pauvre fille comme moi ?

Frédéric resta quelques instants sans répondre, et il n'eut pas l'air d'avoir entendu cette question.

— Suzette, demanda-t-il à son tour avec émotion, vous souvenez-vous de m'avoir vu quelque part avant aujourd'hui ?

La petite jeta sur lui un regard à la dérobée.

— Je ne crois pas, dit-elle à demi-voix.

— Vous vous trompez pourtant ; vous m'avez vu dans un lieu et sous un costume où vous vous seriez bien gardée de soupçonner le futur notaire de Bonnat ; mais il n'importe. Quant à moi, je vous ai vu déjà, Suzette, et je n'ai eu garde de vous oublier, comme vous m'avez oublié. Malgré la différence de nos conditions, malgré les considérations de toute nature qui doivent nous séparer, malgré mes propres efforts enfin, l'impression que vous avez produite sur moi est profonde, durable, et elle ne s'effacera jamais.

Tout le sang de Suzette lui monta au visage. Elle se leva précipitamment :

— Je ne dois pas vous entendre, dit-elle avec dignité, mais sans colère : vous voulez vous jouer d'une malheureuse fille. Adieu.

En même temps elle se dirigeait vers le chemin. Prompt comme l'éclair, Frédéric s'élança après elle et la retint par sa mante.

— Restez, mademoiselle, restez de grâce, dit-il d'un ton suppliant ; mes intentions sont honorables pour vous, je vous le jure. Vous vous repentiriez peut-être toute votre vie de n'avoir pas écouté ce que j'ai à vous dire en ce moment.

Il y avait tant de solennité dans le geste dont ces paroles furent accompagnées que Suzette s'arrêta de nouveau.

— Monsieur Desroches, reprit-elle avec candeur, je ne sais ce que vous pouvez avoir à me dite ; ce que je sais bien, c'est qu'au premier mot que vous prononcerez sur le sujet dont vous parliez tout à l'heure, je vous quitterai sur-le-champ et m'en retournerai à Vernay. Vous ne pouvez avoir la pensée d'épouser une pauvre paysanne, je sais que vous êtes fiancé à mademoiselle de Ranty, la fille de l'ancien maître du château. Je vous crois trop honnête homme pour offenser une jeune fille qui se trouve par hasard sans défense.

Pendant qu'elle parlait, Frédéric l'écoutait d'un air de satisfaction.

— Bien, bien, mademoiselle, dit-il avec chaleur, vous êtes réellement aussi bonne et aussi sage que belle, et je n'abuserai pas de votre confiance. Cependant, pour vous expliquer mes projets, j'ai dû avant tout vous révéler l'impression que vous avez faite sur moi dès la première entrevue. Ne vous fâchez pas, je n'en parlerai qu'autant que cela me sera nécessaire pour me faire comprendre. Vous avez dit Suzette, que j'étais fiancé à mademoiselle de Ranty, et cela est vrai. Ce projet de mariage est le projet favori de mon père, qui est roturier et qui désire s'allier à la noblesse, tout le pays sait cela. Mais ce que l'on ignore, c'est que je n'ai ni les mêmes préjugés ni les mêmes sentiments que mon père. Quelle doive être un jour ma fortune, je n'oublie pas que mon aïeul n'était qu'un paysan, et il se pourrait que dans l'avenir on me reprochât cette obscure origine de ma famille ; je sais même déjà que mes craintes à cet égard ne tarderaient pas à se réaliser, si j'en juge par quelques paroles échappées à ces dames, si fières et si dédaigneuses... Je repousserai donc de toute ma force ce mariage, qui m'exposerait peut-être à une vie d'humiliations, et cela je le ferai d'autant plus facilement que je n'ai pas d'amour pour mademoiselle de Ranty.

— Quoi ! vous ne l'aimez pas ? s'écria Suzette avec une joie involontaire.

— Je ne l'aime pas, reprit Frédéric ; et d'ailleurs, je vous l'ai dit, Suzette, je ne consentirai jamais à épouser une femme qui croirait déroger en recevant mon nom. J'ai déjà exprimé à mon père toute la répugnance que j'éprouve pour ses projets. Malheureusement il est fort opiniâtre : il ordonne, il prie, il menace, et depuis que je suis de retour ici il me poursuit d'obsessions continuelles. C'est vainement que j'ai cherché, en menant une vie dissipée, à persuader à mon père que je ne devais ni ne voulais me marier ; c'est vainement que naguère encore, au lieu de rester auprès de mademoiselle de Ranty, comme les convenances m'en faisaient un devoir, je suis allé passer tout un hiver à la ville voisine ; mon père et certaines personnes dont ce mariage doit relever la fortune, expliquent et excusent tout, me pardonnent mes démarches les plus inconvenantes. Enfin, Suzette, j'en suis venu au point de penser que je ne puis me soustraire à ce mariage qu'en épousant une autre femme que j'aimerai et qui m'aimera, afin de mettre un terme aux rêves de mon père et aux idées ambitieuses d'une famille qui au fond méprise mon origine.

— Quoi ! demanda Suzette d'une voix tremblante, M. Desroches pourrait consentir...

— Il consentirait, j'en suis sûr ; mon père passe dans le voisinage pour un homme avare et intéressé, mais il est probe et plein de cœur. Je sais quelles puissantes considérations je pourrais faire valoir près de lui.

Frédéric s'arrêta et observa attentivement la jeune fille.

— Eh bien ! Suzette, reprit-il après un moment de silence, comprenez-vous maintenant pourquoi je vous ai fait entendre que je vous aimais ?

Certes, la tentation était forte, et Suzette eût été excusable de ne pas repousser trop durement le brillant avenir qui lui était offert, d'autant plus qu'un sentiment secret l'entraînait peut-être vers le jeune Desroches ; mais après quelques secondes d'un trouble inexprimable, elle releva la tête et reprit d'un ton de dignité mêlé d'ironie.

— Quoique je sois bien simple et bien ignorante monsieur, j'ai compris tout ce que vous m'avez dit. Vous ne voulez rien devoir à celle qui sera votre femme, mais vous voulez qu'elle vous doive tout ; vous ne voulez pas qu'elle soit d'une condition supérieure à la vôtre, parce qu'elle pourrait plus tard vous reprocher votre origine modeste, mais vous la prendriez dans une condition inférieure, au risque de lui adresser plus tard des reproches que vous redoutez pour vous ; enfin, pour vous débarrasser d'une fiancée que vous n'aimez pas et pour tromper l'avidité d'une famille étrangère, vous consentiriez à épouser la première pauvre fille que vous rencontreriez sur votre chemin, quand même nous ne l'auriez vue qu'une fois, et vous croiriez encore ce choix fort honorable pour elle... Voilà, je pense, ce que vous venez de me dire en meilleurs termes et bien mieux que je ne puis le faire. Cependant, monsieur Desroches, vous pourriez trouver à vos projets des difficultés sur lesquelles vous ne comptez pas. Je connais une de ces pauvres filles à qui vous vous adressiez avec tant de confiance, qui vous répondrait saris hésiter : Laissez-moi, monsieur ; nous ne sommes pas faits, vous pour moi, moi pour vous. Vous êtes riche, et je ne le suis pas ; vous êtes instruit aux belles manières, et moi je vous ferais rougir à chaque instant, de ma simplicité. Restons chacun dans notre condition, nous serions malheureux ensemble.

Frédéric avait d'abord été étourdi de la résolution de cette réponse ; puis à mesure que la jeune paysanne formulait son refus, une expression de joie et d'admiration se peignait sur son visage.

— De l'esprit ! de la délicatesse ! s'écria-t-il, transporté comme s'il se parlait à lui-même, mais c'est plus encore que je n'osais espérer ! Elle a soutenu admirablement cette difficile épreuve ! c'est un diamant qu'il ne s'agit que de tailler !

Puis, s'apercevant que Suzette se disposait sérieusement à s'éloigner.

— Mademoiselle, reprit-il avec chaleur, vous vous méprenez sur les sentiments qui me font agir ; mais j'ai d'autres motifs encore dont je ne vous ai pas parlé, pour vous engager à réfléchir davantage sur ma proposition. Seulement, Suzette, continua-t-il en lui prenant la main, dites-moi si je dois attribuer votre refus à quelque sentiment de préférence pour un autre ? Serait-il possible que vous eussiez pour moi quelque répugnance ?

— Non, murmura la jeune fille presque malgré elle.

Eh bien, donc, s'écria Frédéric avec chaleur en pressant sur sa poitrine la main dont il s'était emparé, le sort en est jeté, je surmonterai tous les obstacles.

Suzette sourit d'un air de joie ineffable, puis tout à coup elle pâlit et retira sa main. Dans l'agitation de cette scène, elle avait oublié la vérité, la fatale vérité ; elle s'était laissé doucement entraîner à ces riantes illusions qu'ou avait évoqués pour elle, comme on se laisse aller à un rêve agréable ; mais le souvenir du passé lui revint enfin ; ses larmes jaillirent et elle s'écria d'une voix étouffée :

— Non, non, monsieur, laissez-moi ; je ne suis pas digne d'un si grand bonheur ! je suis la proie du démon ! Ne songez plus à moi ! ne prononcez plus mon nom ! Adieu, adieu !

Elle s'enfuit aussitôt, et Frédéric entendit encore un instant les sanglots bruyants qui s'échappaient de sa poitrine. D'abord il voulut la suivre pour essayer de calmer sa douleur, mais un sentiment secret le retint.

— Non, il vaut mieux, dit-il, qu'elle ignore tout jusqu'à nouvel ordre. Allons, il n'y a plus à hésiter.

Suzette et lui échangèrent encore un regard, l'un chargé d'espérance, l'autre plein de larmes, et ils disparurent chacun d'un côté opposé.

La pauvre Suzette, dès qu'elle se trouva seule, s'abandonna sans contrainte au plus profond désespoir. Cet amour d'un jeune homme riche, élégant, instruit, dont elle n'eût jamais osé espérer un signe d'attention, lui avait fait entrevoir mieux que jamais l'horreur de l'abîme où elle était tombée. Innocente de cœur, elle était condamnée à porter le poids d'une honte qu'elle n'avait pas mérité, et pour comble d'infortune, elle ne savait à qui imputer le crime dont elle était la victime. Dans sa douleur affreuse elle courait au hasard à travers la campagne sans songer où elle allait.

Quelques heures se passèrent ainsi, le soleil allait bientôt disparaître sous l'horizon, et l'heure fixée par le sorcier était proche ; mais Suzette avait déjà oublié ses projets du matin : le présent, le passé, l'avenir se confondaient dans le désordre de ses pensées. Son pas était incertain, mais rapide, et Dieu sait où l'eût conduite le chemin qu'elle avait pris, si une voix forte ne l'eût appelée tout à coup à quelque distance.

Suzette marchait toujours ; elle avait bien entendu une sorte de bourdonnement à ses oreilles, mais elle n'avait ni compris que c'était elle qu'on appelait, ni reconnu cette voix. Enfin on courut après elle, on la saisit par sa mante et on lui dit brusquement :

— Ah ! çà, a quoi penses-tu ? es-tu donc déjà devenue folle ? Voilà une heure que je t'appelle, et il y en a bien trois que je cours après toi ? y a-t-il du bons sens à une honnête fille de rester seule toute une journée hors de la maison. Ta tante et moi, nous avons cru que le diable t'avait emportée cette fois tout de bon !

Peut-être la jeune fille ne comprit pas bien toute cette harangue ; cependant, elle s'arrêta et regarda d'un air égaré celui qui venait de parler. C'était le meunier Lili, revêtu de ses habits de travail, le bonnet de coton sur l'oreille et tenant à la main un énorme gourdin. Mais, sans doute, les traits si connus de son oncle ne suffirent pas à Suzette pour l'arracher à cette espèce d'hébétement où l'avait jetée la violence de ses émotions, car elle resta immobile, l'œil fixe et l'air hagard sans prononcer un mot.

— Eh bien parleras-tu ? demanda Lili avec impatience, en lui secouant le bras rudement.

Mais en ce moment il regarda le visage de sa nièce, et il en aperçut l'expression douloureuse ; le brave paysan en fut touché.

— Qu'as-tu donc, pauvre petite ? reprit-il d'un tout différent ; tu es pâle comme la mort, et tu trembles comme si tu avais froid !... Que t'est-il donc arrivé ? Voyons, conte-moi cela. Tu sais bien que je ne suis pas aussi méchant que j'en ai l'air.

Ces paroles affectueuses eurent plus d'écho dans le cœur de Suzette que les menaces ; elle se ranima, ses larmes recommencèrent à couler, et elle s'écria en jetant ses bras autour du cou de son oncle :

— Mon oncle, mon bon oncle ! que vais-je devenir ?... J'en mourrai.

— Allons, allons ! il ne faut pas dire cela, reprit le meunier. Que diable ! s'il t'est arrivé malheur, il ne faut pas tant te désoler ; je sais bien que ce n'est pas par ta faute. Mais voyons, dis-moi la vérité, ma petite Suzette. Jacqueline m'a avoué que tu étais allée consulter le vieux Michel. Que t'a-t-il dit ? As-tu découvert quelque chose ? Courage donc, puisque je t'aime tout de même ! N'es-tu pas la fille de mon pauvre frère Martial ? Voyons, parle, je veux tout savoir.

En employant ainsi les prières et les caresses, Lili parvint à obtenir de sa nièce le récit de son entrevue avec le sorcier Michel. Cependant, au milieu de son trouble, elle se garda de prononcer le nom de Frédéric Desroches et de parler de sa rencontre avec lui ; il y avait là un secret qu'elle eût cru profaner en le confiant à qui que ce fût.

Quand Lili eut appris par quel moyen le séducteur mystérieux devait être connu, il se gratta l'oreille d'un air d'hésitation.

— Tu dis donc, reprit-il, qu'au coucher du soleil, aux Quatre-Chemins, tu le connaîtras. Mais l'heure est venue, ma petite, et tu n'a pas de temps à perdre pour aller à l'endroit fixé. Moi-même je t'accompagnerais volontiers ; mais, voyons, Suzette, es-tu bien sûre que ça aura la forme d'un homme naturel et que ça ne viendra ni en feu, ni en vent, ni en tonnerre ?

— Le sorcier me l'a promis, dit Suzette d'un ton distrait.

Eh bien donc, reprit Lili en se décidant tout à coup, il ne sera pas dit qu'un ancien soldat de la république n'aura pas osé faire ce que fera une petite fille comme toi. Je t'accompagnerai, Suzette, et nous verrons un peu ce que c'est. Enfin, vois-tu, nièce, je ne me soucie pas d'avoir rien à démêler avec les esprits, les diables et les loups-garous, parce qu'il paraît qu'un bâton ne sert de rien contre ces gens-là ; mais du moment que j'ai affaire à quelqu'un qui a des épaules pour recevoir un coup bien assené, je n'ai pas peur, vois-tu, et je secouerais la farine au diable s'il avait la forme d'un meunier comme moi. Mais ne parlons pas trop ; il est temps de partir. Appuie-toi sur moi, car tu n'a pas l'air bien solide sur tes jambes, et tu verras que tout ira bien.

En même temps, il prit le bras de la jeune fille et il l'entraîna vers le carrefour où devait avoir lieu l'apparition annoncée par Michel. Ils marchèrent en silence, car les efforts qu'avait faits Suzette pour apprendre à son oncle le résultat de sa démarche auprès du sorcier avaient achevé de l'épuiser. De son côté, Lili se repentait peut-être déjà d'avoir voulu prendre sa part de cette aventure ; il jetait autour de lui des regards empreints d'une vague inquiétude, et il tressaillait parfois au bruit d'une feuille agitée par le vent. Cependant il faisait bonne contenance et il avançait toujours en serrant convulsivement le pesant gourdin dont il comptait se servir au besoin.

Ils arrivèrent ainsi au carrefour et n'eurent pas de peine à reconnaître l'endroit où ils devaient se mettre en embuscade. C'était un houx énorme, tout couvert de ses feuilles vertes et luisantes, entremêlées de grappes de fruits rouges. Il s'élevait précisément en face de la croix, de manière à dominer tous les chemins qui se croisaient en cet endroit. Le meunier et sa nièce se cachèrent derrière l'épais feuillage de l'arbrisseau, l'un avec une appréhension dont certes il n'eût pas voulu convenir, l'autre avec une sorte d'indifférence.

En ce moment, le soleil s'était enveloppé dans les nuages gris, légèrement jaunis par le bord, qui étaient amoncelés au couchant, et bientôt il disparut tout à fait derrière les hauteurs. Lili, en tremblant malgré lui, peut-être de froid, peut-être de crainte superstitieuse, avertit tout bas sa nièce de prononcer les *Pater* et les *Ave* qu'avait prescrits Michel Cloche-Pied. Suzette obéit machinalement ; elle s'agenouilla et prononça à demi-voix les prières prescrites. Le meunier, debout devant elle, appuyé sur son bâton, semblait attendre avec une secrète angoisse ce qui allait arriver ; au dernier *Ainsi soit-il*, il fit un mouvement brusque pour relever son arme, et blanc comme la farine de son moulin, il jeta un regard inquiet du côté du chemin.

Rien ne bougea, ni dans le chemin, ni autour d'eux. Le soleil continua à s'enfoncer lentement dans les nuages, la brise continua de souffler doucement dans les houx et les fougères, les petits oiseaux firent entendre leurs derniers chants ; mais aucun prodige ne se montra, Lili attendit quelques minutes et poussa une exclamation en manière de défi.

— Il faut attendre ici pendant une heure, dit la jeune fille avec tranquillité.

En même temps elle s'enveloppa dans sa mante, elle s'assit par terre, et, au bout de quelques minutes elle fut plongée dans de mornes réflexions, laissant le meunier se fatiguer les yeux pour découvrir à droite on à gauche le loup-prou prédit par le savant Cloche-Pied.

Alors, comme aujourd'hui, certaines parties du Limousin étaient fort peu peuplées, et, bien que le carrefour des Quatre-Chemins fût un des plus fréquentés du pays, on risquait d'attendre longtemps sans voir paraître aucune créature humaine. Après un quart d'heure de patience, Lili se promena de long en large d'un air fanfaron ; on prétend même qu'il poussa l'audace jusqu'à fredonner entre ses dents quelque chose qui ressemblait à une chanson et à faire un insolent moulinet avec son bâton.

Cependant ces démonstrations hardies furent subitement réprimées ; le bruit d'un cheval qui s'approchait et une forme vivement prononcée et mobile se montrant dans la brune qui s'éparpillait déjà sur la campagne, attirèrent l'attention du meunier, et il resta immobile, le cou tendu pour prendre une connaissance plus exacte du personnage qui allait traverser le carrefour.

Le bruit des pas du cheval sur le cailloutis du chemin devint plus distinct, et bientôt Lili put reconnaître que le cavalier était enveloppé dans un grand manteau bleu, qui le couvrait tout entier ainsi que sa monture. Il y avait là de quoi désespérer un observateur moins intéressé que le meunier à savoir à qui il avait affaire, d'autant plus que l'étranger avait enfoncé son chapeau sur les yeux. Lili appela l'attention de Suzette, qui jeta sur lui un regard froid et distrait et retomba dans ses rêveries.

— Voyons s'il ôtera son chapeau devant la croix, dit le bon homme avec une légère altération dans la voix.

En ce moment, le voyageur était si près du carrefour, que n'eussent été le manteau et le sombrero, il eût été facile de le reconnaître. Heureusement, soit hasard, soit magie, le cavalier, au moment où il se trouvait précisément en face du houx qui cachait Lili et sa nièce, remarqua que l'une des nombreuses courroies de sa selle était débondée et, sans s'arrêter, il se mit en devoir de la serrer de nouveau. Pour cela, il entrouvrit son manteau, de sorte qu'il fut possible de l'examiner à loisir.

C'était un homme d'environ soixante ans, petit, gros, à visage rouge et commun, mais dont les yeux avaient encore une vivacité singulière, il était vêtu comme les bourgeois campagnards de cette époque dans leurs excursions aux foires du voisinage, culottes de gros velours, bottes fortes, habit de drap bleu. Ses cheveux, soigneusement poudrés, formaient par derrière une petite queue serrée par un ruban ; un bonnet de soie noire était enfoncé sur ses yeux et formait comme l'ombre du chapeau rond à bords qui était sa coiffure ordinaire. En reconnaissant ce personnage, Lili et sa nièce ne purent retenir un mouvement de surprise :

— Le notaire Desroches ! dit le meunier d'une voix sourde ; il revient sans doute de la foire de Saint-Florent.

— Son père ? murmura Suzette avec plus d'émotion encore.

— Attends. Voyons s'il se découvrira devant la croix.

Mais soit que l'argument de sa selle occupât toute son attention, soit qu'il ne fût nullement religieux, le voyageur passa devant la croix sans soulever son chapeau et continua tranquillement son chemin. Un moment après il avait disparu, et le bruit des pas de son cheval s'éteignit peu à peu dans le lointain.

— Lui ! murmura la jeune fille avec égarement.

— Je l'aurais juré ! s'écria Lili tout joyeux, et je l'avais déjà dit à monsieur le curé. Desroches est le seul homme de tout le pays qui soit bien et dûment reconnu pour loup-garou. Ce vieux Michel est un habile sorcier : il faudra que je me mette bien avec lui.

Puis se tournant vers sa nièce d'un air de résolution et de gaieté :

— Allons, petite, reprit-il, maintenant nous savons tout ce que nous devons savoir. Tant que j'ai cru avoir affaire à un esprit ou à un démon, je n'ai pas cherché à te venger ; mais à présent que je connais ton séducteur et que je sais qu'il est de chair et d'os tout comme un autre, je me propose de lui dire deux mots. L'affaire est excellente ; il est veuf, il est riche, et ce sera pour toi un mari très convenable.

— Mon cher oncle, demanda la jeune fille précipitamment, que voulez-vous donc faire ? oubliez vous qu'un loup-garou ne sait plus, lorsqu'il est revenu à sa forme humaine, ce qui lui est arrivé lorsqu'il était possédé ?

— Un bon gourdin de néflier lui rendra la mémoire, dit Lili ; mais il suffit, petite ; cela ne te regarde plus. Il faut maintenant arranger cela entre homme. Et vois-tu bien, nièce, je ne l'arrangerais pas pour vingt mille francs.

La jeune fille voulut ajouter quelques mots, mais son tuteur lui imposa brusquement silence, et ils retournèrent à Vernay.

VI

Le village de Bonnat était composé d'une vingtaine de maisons ou plutôt de bicoques éparpillées sur le penchant d'une colline, entourées de leurs vergers et de leurs jardins, et que dominait le clocher tronqué de la petite église paroissiale. Sur la hauteur, on voyait un édifice à demi ruiné qu'ou s'obstinait encore à appeler le *château*, bien que la plupart des maisons du village fussent beaucoup plus habitables. C'était dans ce manoir décrépit que demeuraient avec un vieux parent les dames de Ranty, les dernières héritières de la famille noble dont le village et ses dépendances étaient autrefois la propriété. Par opposition, l'habitation du-notaire Desroches, située à l'entrée de Bonnat, dans une position isolée, était une jolie maison blanche, en pierres de taille, à portes et volets de gros chêne, doublés de fer-blanc qu'il eût été difficile de forcer. Un peuplier enfermé dans son étui de planches vermoulues se dressait près de la porte et attestait que, depuis de longues années, cette maison était la mairie de l'endroit, comme les affiches et placards de toutes couleurs qui bariolaient la façade, servaient d'enseigne à l'étude du notaire.

Le lendemain du jour où Lili et sa nièce avaient cru apprendre d'une manière ai miraculeuse quel était le loup-garou qui avait donné la chasse aux gens de Vernay, M. Desroches père déjeunait tranquillement dans une petite salle à manger du rez-de-chaussée, séparée seulement de son étude par une porte vitrée. Il était tout en noir et vêtu avec une recherche qui convenait mieux que son costume de la veille à la dignité des fonctions municipales et publiques qu'il exerçait à Bonnat. Sa perruque était aussi poudrée avec plus de soin qu'à l'ordinaire. Le bonhomme, après s'être livré à l'occupation du déjeuner, très importante pour un campagnard, devait rendre visite aux dames de Ranty, qui, en raison de leur pauvreté présente, étaient très sévères sur l'étiquette de costume, surtout de la part d'un vilain tel que le tabellion de Bonnat.

Cependant, tout en absorbant les restes d'un succulent filet de bœuf qu'il arrosait largement d'un vieux vin de Périgord, maître Desroches paraissait inquiet et rêveur : son fils avait renouvelé le matin même avec plus de fermeté que de coutume sa résistance au projet de mariage que le vieillard caressait avec tant de bonheur, et il en était résulté une petite altercation, à la suite de laquelle Frédéric était sorti précipitamment. Comme avant toutes choses Desroches aimait son fils unique, il éprouvait un vif chagrin de cette brouille passagère, et il cherchait les moyens d'amener une prompte réconciliation, bien qu'il ne fût point disposé à céder aux instances de son rebelle héritier.

Telle était sa préoccupation qu'il n'entendit pas un étranger traverser l'étude d'un pas assez lourd, ouvrir la porte de communication et venir se poser fièrement devant lui. Il fallut qu'un « Bonjour ! » donné d'une voix forte attirât son attention. Surpris par cette brusque apparition, le notaire tressaillit et avala de travers le morceau qu'il avait à la bouche, si bien qu'une quinte de toux obstinée l'empêcha pendant quelques minutes de faire face à l'importun qui s'était introduit d'une manière si peu convenable dans le sanctuaire de sa salle à manger.

Cet importun n'était autre que le meunier Lili, mais non pas ce Lili de tous les jours, en sarreau de toile et couvert de farine depuis la houppette de son bonnet de coton jusqu'aux cordons de ses souliers, mais un Lili superbe, magnifique, pompeux, comme on ne le voyait qu'aux quatre grandes fêtes de l'année. Il portait dans cette circonstance mémorable un pantalon de drap gris garni de boutons en os sur toutes les coutures, un gilet rayé rouge et un splendide habit bleu orné de boutons de cuivre, si brillants qu'on eût dit autant de petite soleils cousus symétriquement de chaque côté de sa poitrine. Mais ce qui était tout à fait extraordinaire, c'était l'air calme, froid, majestueux, patriarcal, railleur, menaçant tour à tour, que le meunier donnait à son visage en entrant chez maître Desroches ; il y avait sur son visage quelque chose de cette majesté dédaigneuse du tambour-major qui marche à la tête de son régiment, et de cette béatitude de vanité qui se montre sur les traits d'un suisse de paroisse lorsque, dans tout l'éclat de sa grandeur, la hallebarde sur l'épaule, il précède la procession et s'aperçoit que son curé le regarde. Seulement la hallebarde était remplacée pour le moment entre les mains de Lili par cet énorme gourdin que nous avons vu figurer la veille au carrefour des Quatre-Chemins, et qui semblait appelé à jouer encore un rôle quelconque, à en juger par l'air de satisfaction avec lequel son propriétaire le regardait de temps en temps.

Desroches, tout en toussant et éternuant par suite de la frayeur que lui avait causée Lili lorsqu'il s'était dressé tout à coup devant lui comme un spectre, laissait échapper d'une voix entrecoupée des imprécations contre l'impolitesse du meunier ; mais celui-ci debout en face du notaire, reçut avec un calme imperturbable cette bordée d'injures.

— Donnez-moi au diable tant que vous voudrez, répondit-il avec un sourire moqueur : les petits cadeaux entretiennent l'amitié : mais je ne vous crains pas, voyez-vous ; j'ai sur moi une croix bénite, et je puis me moquer de vos sortilèges. Je suis venu pour causer avec vous, et nous causerons.

En même temps il s'assit tranquillement sur un fauteuil de canne, près de la porte, croisa les jambes et mit son bâton en travers sur ses genoux.

Quand le maître du logis fut parvenu enfin à calmer cette toux, la pensée lui vint qu'il n'aurait pas dû maltraiter si fort un paysan pour son manque d'usage. Aussi reprit-il d'un ton radouci quoique encore empreint d'impatience :

— Eh bien, voyons, que me veux-tu ? Je te préviens que je n'ai pas beaucoup de temps à te donner ; M. le chevalier de la Perche m'a fait prévenir que ces dames me recevraient ce matin au château.

— J'en suis fâché, dit Lili avec une espèce d'insolence que Desroches ne remarqua pas ; mais continuez votre déjeuner ; peut-être que nous aurons le temps de bâcler mon affaire pendant que vous serez à table.

Sans attendre cette invitation, le vieux notaire, qui était très gourmand, s'était remis à la besogne pour réparer le temps perdu, si bien que Lili, toujours préoccupé de la pensée que maître Desroches était un loup-garou émérite, ne put s'empêcher de murmurer :

— On voit bien que nous ne sommes pas au temps de l'Avent ! comment diable pourrait-il déjeuner avec tant d'appétit s'il avait dévoré des chiens toute la nuit ?

Mais le notaire n'entendit pas cette observation peu favorable à son orthodoxie et il reprit, la bouche pleine, en s'adressant au meunier :

— Voyons, dépêche-toi ; de quoi s'agit-il ? Je parie que tu viens encore me casser la tête de ton procès avec Jean-François au sujet de cette pierre bornale qui vous ruinera tous les deux ? Je te l'ai dit, Lili, tu as tort, la loi est contre toi ; c'est une mauvaise affaire.

— Une mauvaise affaire ! s'écria vivement Lili, qui sur le chapitre de ses procès était aussi têtu et aussi intraitable qu'aucun de ses pareils, et à qui le seul mot de procès faisait aussitôt oublier tout le reste ; une mauvaise affaire ! vous voulez rire, monsieur le notaire. À quoi vous sert donc de tant étudier les lois ? C'est une affaire d'or ! c'est moi qui vous le dis.

En même temps le paysan, cédant à l'entraînement de sa passion favorite, se mit à détailler les assignations, descentes d'experts, saisies, main levées qui avaient eu lieu dans le cours du procès, avec une facilité et une netteté extraordinaires pour un homme qui ne savait pas même lire ; il cita les articles du code qui étaient pour lui et ceux qui étaient contre lui ; il expliqua comment il comptait profiter des premiers et tourner les derniers pour obtenir gain de cause. Un vieux procureur n'eût pu trouver dans une affaire autant de subtilités et de chicanes qu'en trouvait Lili, ni se servir de termes plus techniques et plus précis. Desroches lui-même était abasourdi par cet étalage d'érudition et il se surprit à penser que Lili pouvait avoir raison. Ce savant plaidoyer dura jusqu'à la fin du repas, et alors le vieillard, à qui ce flux d'éloquence ne faisait pas perdre de vue son projet de sortie, rejeta sa serviette pour se lever de table.

Ce mouvement suffit pour arrêter tout court le loquace meunier et le faire rentrer dans sa gravité mystérieuse.

— Tu diras ce que tu voudras, reprit le notaire pour en finir avec cette discussion, qui au fond ne l'intéressait guère, tes droits ne me semblent pas bien clairs, et si tu veux m'en croire, tu t'arrangeras à l'amiable avec Jean-François, en compensant les frais. Mais tu me fais bavarder là, tandis que je devrais déjà être au château. Allons, adieu, Lili, et la première fois que j'enverrai du froment à ton moulin, tâche de me rendre ma mesure plus exactement que le mois dernier.

Tout en parlant, le bonhomme fit un effort pour se lever de table, ce qui n'était pas facile, vu la faiblesse de ses jambes et l'embonpoint de sa personne. Il parvint cependant à se mettre sur ses pieds, et il s'avança pesamment pour prendre son chapeau, suspendu à un clou de la muraille. Mais telle était la lenteur de sa démarche que Lili, revenant à ses réflexions secrètes, se disait lui-même en le regardant :

— Comment diable peut-il faire, quand il est loup-garou, pour parcourir sept paroisses en une nuit avec des jambes comme celles-là ?

Cependant Desroches était parvenu à atteindre son chapeau, il avait pris sa canne dans un coin et il se dirigeait déjà vers la porte en adressant quelques excuses familières à son visiteur, lorsque Lili, sortant tout à coup de sa tranquillité trompeuse, se plaça devant la porte pour barrer le passage au maître du logis, et lui dit avec une fermeté un peu brutale :

— Excusez, mon vieux ! Nous avons à parler d'autre chose, si vous le voulez bien.

Desroches recula d'étonnement.

— Que signifie ceci ? s'écria-t-il d'un air effaré.

— Il s'agit de l'affaire de la petite ? reprit Lili mystérieusement, vous savez bien ?

— Du diable si je sais quelque chose ?

— Allons donc ! Eh bien ! vrai, monsieur Desroches, je ne vous aurais pas cru capable de cela.

— De quoi donc ?

— Allons, ne soyez pas si étonné. Seulement, continua-t-il en riant d'un ton goguenard, vous comprenez, monsieur, vous qui êtes *dans les lois*, que, quand on fait de pareilles fredaines, il faut les payer ; je veux dire les réparer, et comme vous êtes riche et veuf, l'un ou l'autre vous sera facile. Ainsi donc, ne chamaillons pas, car enfin j'ai des preuves, j'ai des témoins.

— Des preuves de quoi ? s'écria à tue-tête le malheureux notaire.

Mais Lili marchait vers son but sans même songer à répondre aux questions de son interlocuteur.

— Écoutez, dit-il d'un ton conciliant, je ne veux pas vous écorcher ; épousez-la, ou bien donnez-lui cinquante mille francs, pour elle et pour son enfant ; nous trouverons bien quelque moyen de sauver les droits de l'enregistrement.

— Cinquante mille francs ! que diable veux-tu dire ?

— Ai-je dit cinquante mille ? reprit le meunier en se ravisant ; je me suis trompé, c'est soixante mille. Car enfin il faudra bien quelque chose pour moi ; vous sentez que le déshonneur retombe sur nous tous. Et puis il faudra encore soixante-dix louis d'or de vingt-quatre francs pour Jacqueline. Ça vous va-t-il ? Topez-là.

En même temps il tendit sa large main farineuse, suivant son habitude dans ses marchés avec les fermiers du voisinage pour la mouture d'une partie de froment.

— Mais je ne comprends pas un mot de ce que tu me demandes ! s'écria Desroches en se démenant comme un possédé.

— Ah ça ! reprit Lili avec étonnement, ce que l'on dit est donc vrai, que, lorsque l'on n'est plus dans *cet état*, on oublie ce qui vous est arrivé pendant la maladie ? Comment, vous ne savez pas que, la première nuit de l'Avent, lorsque vous étiez obligé, à cause de votre pacte, de courir du soir au matin, vous avez séduit ma pauvre nièce ? Que diable ! les loups-garous ne devraient pas être comme les lièvres qui perdent la mémoire en courant.

— Moi ? Tu dis que je l'ai séduite...

— Allons ! je vois réellement que vous n'en saviez rien. Eh bien ! moi, je vous l'apprends. Oui, ma propre nièce, la petite Suzette, la plus jolie fille et la plus sage de tout le canton. Vous n'étiez pas dégoûté, ma foi ! et c'est vous demander bien peu que de vous demander soixante-dix mille francs, et soixante-dix louis d'or de vingt-quatre francs pour Jacqueline ; vous êtes si riche et l'argent vous coûte si peu Ah ! ma foi, quand on veut danser, il faut payer les violons. Avec ça que vous avez fait une fameuse peur aux gens de Vernay, farceur ! mais cela ne me regarde pas.

La singularité de l'accusation était telle qu'aussitôt que Desroches en comprit le sens, il partit d'un fou rire au nez de l'accusateur. Mais Lili était trop brutal pour supporter patiemment cette bruyante hilarité qu'il prenait pour une offense.

— Ah ! vous riez, dit-il en brandissant son bâton et vous croyez qu'après avoir séduit la fille de feu mon beau-frère et nous avoir tous déshonorés, il n'en sera que ça ? Non, non, monsieur le loup-garou, je vous ferai un bon procès plus tard, et je vous casserai les reins tout de suite, foi de Lili.

Cette démonstration menaçante calma subitement la gaieté du prétendu séducteur.

— Voyons, Lili, dit-il tranquillement, tu veux plaisanter ; tu sais bien qu'une pareille accusation est absurde. Regardes-moi donc ! ai-je l'air d'un séducteur ?

— Je ne dis pas le contraire, mais le diable est fin.

— Ah ça, tu m'ennuies, dit sèchement Desroches, tu me romps la tête avec tes sorcelleries, tes loups-garous et tes filles séduites. Si tu viens m'insulter pour m'extorquer de l'argent, je te préviens que tu ne réussiras pas. Sors bien vite de chez moi ou je te fais arrêter par la force armée.

La force armée de Bonnat consistait en un garde-champêtre invalide, qui était sourd, à moitié aveugle et presque paralysé d'un bras. Lili haussa les épaules.

— Je me soucie de votre force armée comme de cela ! s'écria-t-il exaspéré par la menace ; et puisque vous voulez faire le méchant, je ne sortirai pas d'ici que vous ne m'ayez donné quatre-vingt mille francs et quatre-vingt louis d'or de vingt-quatre francs pour Jacqueline ; et vite et tout de suite, ou sinon..... Cependant, si vous n'avez pas d'argent ici, je me contenterai de votre billet. Je suis bon enfant, moi !

Le notaire, sérieusement effrayé par l'attitude menaçante du redoutable meunier, se pendit au cordon de la sonnette et appela à grands cris tous les gens de la maison. Malheureusement son fils était absent, comme nous le savons, et les deux garçons qui lui servaient de domestiques étaient occupés en ce moment aux travaux des champs. Il n'y eut donc qu'une vieille cuisinière qui arriva tout effrayée aux cris de son maître.

— Allez chercher du secours dans le village, dit le bonhomme hors de lui : que l'on me délivre promptement de ce forcené. Il est capable de me tuer !

— Si elle sort de la maison, je lui casserai quelque chose, dit le meunier d'un ton formidable en brandissant son bâton.

La pauvre vieille épouvantée rentra à reculons dans sa cuisine sans oser prononcer un mot.

— Mais vous voulez donc me voler et m'assassiner ? s'écria le malheureux Desroches, Lili, songez à ce que vous faites ! je vous préviens que cela peut aller fort loin.

— Je remplis les devoirs de ma tutelle, dit Lili, toujours ferré à glace sur la légalité ; je défends une mineure, et en vous brisant les os, il n'en sera que cela. Vous verrez ce que je dirai à l'audience si vous y êtes !

La perplexité du notaire était à son comble, et nul ne sait jusqu'où l'inexorable meunier serait allé pour qu'ou satisfit ses prétentions, lorsqu'un bruit de pas qui se fit entendre dans l'étude annonça l'approche d'un nouveau personnage.

— Misérable s'écria Desroches du ton de la menace, nous allons voir si tu sortiras d'ici. Voici un témoin qui m'arrive.

— Je ne crains ni témoin, ni Dieu, ni diable ! dit Lili du même ton, et je ne sortirai pas.

En ce moment la porte s'ouvrit et un individu d'une cinquantaine d'années, grand, efflanqué, vêtu à l'ancienne mode, en souliers à boucles et coiffé à ailes de pigeon, tournure d'un gentilhomme campagnard, entra dans la salle à manger. Sa présence calma aussitôt les deux disputeurs. Mais pour faire bien comprendre la suite de cette scène, il faut que nous donnions quelques détails sur le visiteur qui arrivait si à propos chez le notaire Desroches.

Ce personnage, qu'on appelait dans le pays le chevalier de la Perche et qui ressemblait à son nom, était, comme nous l'avons dit, arrière cousin de madame de Ranty, la propriétaire actuelle du château de Bonnat ; il avait été bas-officier dans les gardes et il se prétendait ruiné par la révolution ; mais les personnes qui connaissaient le mieux l'origine du chevalier de la Perche assuraient qu'il n'avait jamais pu être ruiné, attendu qu'il n'avait jamais été riche. Depuis douze ans environ il vivait aux dépens des dames de Ranty, qui n'avaient pas trop pour elles, mais qui n'avaient pu souffrir, disaient-elles, qu'un de leurs parents dérogeât en épousant une roturière pour relever sa fortune. Peu à peu N. de la Perche avait captivé l'affection de madame de Ranty, vieille coquette surannée qui aimait ses flatteries et ses galanteries d'ancien régime, et il était devenu en quelque sorte le maître de la maison. C'était lui qui servait de conseiller, de tuteur de défenseur à ses parents, et le bruit courait qu'il avait affiché de tout temps pour la mère une passion qu'il n'eût pas été fâché de reporter sur la fille, si le mariage de mademoiselle de Ranty, grande niaise fort peu avenante, avec le fils du riche notaire Desroches n'eût dû beaucoup mieux relever les affaires de la famille.

La présence de ce noble personnage chez maître Desroches annonçait évidemment un message du château, et son air imposant faisait soupçonner un message d'importance. Son chapeau à cornes sous le bras, une canne à pomme d'ivoire à la main, il fit une entrée si majestueuse qu'il oublia même de saluer.

Mais le maître du logis était trop ému pour remarquer cette impolitesse volontaire, et courant au-devant du visiteur, il lui dit avec un empressement joyeux :

— Mon respect, monsieur le chevalier. En vérité, vous arrivez bien à propos pour me débarrasser de cet insolent paysan.

— Insolent vous-même ! cria Lili.

— Qu'y a-t-il donc ? demanda le chevalier en se tournant tout d'une pièce vers le meunier.

— Rien, dit Lili avec beaucoup de flegme ; je causais d'affaires avec le notaire ; mais après vous je ne suis pas pressé, j'attendrai.

En même temps il se rassit près de la porte sans déposer son gourdin et parut disposé à continuer le rigoureux blocus qu'il avait établi autour du prétendu séducteur de sa nièce.

— Comment, drôle ! s'écria Desroches exaspéré par tant d'insolence, oses-tu bien rester chez moi contre ma volonté ? Ne vois-tu pas que M. le chevalier à quelque chose à me dire ? — Tous les chevaliers de l'univers ne pourraient me décider à vous perdre de vue. Causez si vous voulez, je n'écouterai pas. Quant à sortir d'ici ou à permettre que vous en sortiez, n'y comptez plus.

— A-t-on jamais vu une impudence pareille ! dit le notaire en s'adressant au chevalier, de grâce ; monsieur, excusez-moi et croyez bien...

— Vos affaires avec vos pareils ne me regardent pas, interrompit M. de la Perche d'un ton d'aigreur dédaigneuse ; quant à moi, ce que j'ai à vous dire ; monsieur, n'a pas besoin d'être caché, et l'entende qui voudra.

— Monsieur le chevalier, répliqua Desroches avec humilité, au moins veuillez prendre la peine de vous asseoir, et parlons le plus bas possible.

— Je parlerai haut et debout, fit M. de la Perche en prenant une pose majestueuse au milieu de la salle ; et je vous demanderai tout d'abord, monsieur, si vous avez eu connaissance d'une lettre passablement impertinente que monsieur votre fils a osé écrire à ma noble cousine de Ranty.

— Quelle lettre ? demanda le notaire.

— Je ne suis pas la dupe de cette apparente ignorance, dit le chevalier avec hauteur ; cependant, comme il faut que tout se fasse suivant les règles prescrites dans ces sortes d'affaires, je veux bien vous communiquer l'épître en question. Lisez.

En même temps il tira une lettre de sa veste de satin flétri et la présenta par un geste théâtral au notaire, qui l'ouvrit précipitamment.

— Une rupture ! s'écria-t-il au bout d'un moment ; ce cruel enfant me fera mourir de chagrin. Cependant, continua-t-il en rendant le papier à M. de la

Perche, il me semble que la lettre est conçue en termes très convenables, et qu'elle ne contient rien qui ait pu offenser ces estimables dames.

— Et c'est là tout ne que vous avez à me dire ? reprit le chevalier en glissant le bout de ses doigts dans la poche de sa veste.

— Écoutez donc, monsieur le chevalier, j'ai fait tout ce que j'ai pu pour décider mon fils à un mariage honorable qui eût été le comble de mes veux. Maintenant il résiste, il connaît ses droits, que voulez-vous que j'y fasse ? J'espérais encore aujourd'hui le ramener à des sentiments plus raisonnables, mais puisqu'il a brusqué l'explication, je n'y vois pas de remède. Après tout, je ne puis non plus mener comme un enfant un fils majeur et qui est déjà fort opiniâtre dans ses idées.

— Est-ce tout ? répéta le gentilhomme.

— Je vous prie donc, monsieur le chevalier, de vouloir bien faire agréer à madame et à mademoiselle de Ranty l'expression de mes très humbles regrets, et de dire a madame de ne pas trop se tourmenter pour les quelques mille France dont elle peut m'être redevable, car...

Le chevalier interrompit brusquement cette phrase qui devenait alarmante.

— Et vous croyez, monsieur le notaire, dit-il avec colère, que tout va finir ainsi, et que moi, le chevalier de la Perche, je souffrirai que l'on fasse une pareille injure à mes nobles parentes, sans chercher à en tirer vengeance ?

— Une injure ! s'écria Desroches ; Frédéric n'avait rien promis.

— Je n'ai pas à m'occuper de M votre fils ; un enfant obéit toujours aux ordres de son père, du moins c'était ainsi qua nous étions sous l'ancien régime parmi les gens de qualité. Qu'il n'en soit pas de même chez les roturiers, je le conçois, et on ne peut pas attendre autre chose sous le gouvernement qui nous régit. Mais ce que vous étiez le maître de ne pas faire, c'était de ne pas vous engager pour votre fils, de ne pas répondre corps pour corps, de son assentiment, et, après que ce projet de mariage avait été publié partout, de souffrir qu'il se rompît sans autre motif apparent qu'un caprice de votre étourdi... Cela ne peut se terminer ainsi : l'honneur de ma maison, le respect que je dois à mes parentes à moi-même m'obligent à vous demander réparation de l'outrage qui nous est fait.

Maître Desroches resta interdit ; il était bien vrai que, ne supposant pas son fils assez fou pour refuser un parti qui semblait si honorable, il n'avait peut-être pas mis assez de réserve dans ses engagements avec les habitants du château de Bonnat.

— Monsieur le chevalier, balbutia-t-il enfin, on ne peut répondre des impossibilités... des obstacles... vous comprenez...

Finissons-en, dit le chevalier sèchement ; vous savez maintenant quel est le motif qui m'amène ; j'ajouterai donc seulement que je suis assez courtois pour vous offrir le choix des armes.

— Vous voulez vous battre avec moi ! s'écria Desroches, effrayé.

M. de la Perche eut l'air de se méprendre sur la cause de l'émotion du notaire.

— Cela vous étonne, dit il en souriant. Il est vrai que beaucoup de gentilshommes de mou rang croiraient se ravaler en croisant l'épée avec un roturier, avec le fils d'un paysan autrefois vassal de ma famille ; mais que voulez-vous ? cette absurde révolution à confondu tous les rangs ; d'ailleurs, cela ne regarde que moi.

— Mais je ne me suis jamais battu ! je ne veux pas me battre ! s'écria le pauvre notaire. En voici bien d'une autre maintenant ! Sur ma vie, ils sont tous après moi comme une bande de loups enragés... Et mon misérable fils, qui me laisse toutes ces affaires sur les bras !

— Ah ! vous ne voulez pas vous battre ! s'écria le chevalier avec une insolence qui croissait à mesure, que son adversaire montrait des intentions plus pacifiques ; savez-vous, monsieur, que je dirai partout que vous êtes un lâche ? entendez-vous ?..... un lâche !

— Ça m'est bien égal, fit Desroches en haussant les épaules.

Savez-vous, continua le matamore en se dressant sur ses ergots, que je vous ferai donner des coups de bâton par mes gens !

— Je vous les rendrai moi-même.

Le chevalier mit son chapeau sur sa tête de l'air d'un président qui voit l'audience envahie par une émeute, et reprit en jetant un regard de mépris sur son interlocuteur :

— Il suffit, monsieur ; je publierai dans le pays votre basse et honteuse conduite. Seulement, comme il faut une réparation à ma noble famille, veuillez me dire où je puis trouver monsieur votre fils.

— Quoi ! s'écria le vieillard avec épouvante, vous voudriez vous battre avec Frédéric !

L'assurance de M. de la Perche parut diminuer beaucoup.

— Peut-être... Cela dépendra... Nous verrons.

— Miséricorde ! reprit le notaire dans de mortelles angoisses, que va-t-il arriver ? Frédéric prendra feu au premier mot. Il est si emporté, si hardi ! Ce ferrailleur va me tuer mon fils, mon unique enfant ! Eh bien ! monsieur, continua-t-il avec une sorte de désespoir en se tournant vers le chevalier, il n'est pas nécessaire d'aller provoquer mon fils ; puisqu'il le faut, je me battrai.

Peut-être le gentilhomme campagnard avait-il compté sur un autre dénouement, car il fit une légère grimace de dépit. Il n'avait voulu sans doute qu'humilier le notaire, afin d'aller crier bien haut chez les propriétaires du voisinage qu'on avait refusé son cartel, et il n'avait prononcé le nom de Frédéric que par une bravade à laquelle il comptait bien ne pas donner de suite.

— Il vaut mieux tard que jamais, dit-il avec ironie. Eh bien, monsieur, où devons-nous nous rencontrer ?

Où vous voudrez.

— Le lieu ?

— Celui que vous voudrez.

— Quelles sont vos armes ?

— Celles que vous voudrez.

— En ce cas, monsieur, ce sera pour demain matin à six heures, dans le bois de Vernay, près du chemin ; mon second apportera des épées, car je suppose qu'en votre qualité de roturier vous n'en avez pas.

En même temps il fit un profond salut, comme pour se retirer.

— Seigneur Dieu ! s'écria le pauvre notaire avec égarement, faut-il donc que je me batte ?

— Ouais ! s'écria une voix railleuse, croyez-vous donc que je le souffrirai ? Pas si bête ! Du diable si personne autre que moi vous touche, jusqu'à ce que nous ayons terminé notre petite affaire !

Celui qui venait ainsi se jeter à la traverse du duel était, comme on s'en doute, le meunier Lili. Il avait écouté toute cette conversation sans sourciller ; mais en entendant la conclusion, il se leva tout à coup et vint se placer en face du chevalier en balançant son tribard.

— Que veut dire ce manant ? demanda M. de la Perche avec mépris.

Lili enfonça son chapeau et regarda sous le nez le gentilhomme imprudent.

— Manant toi-même ! dit-il grossièrement ; veille un peu sur ta langue, si tu ne veux pas que je ne casse ta dernière dent ! Je suis très poli, moi, et je sais aussi bien qu'un autre ce que c'est que les belles manières, et le beau langage, mille tonnerres ! et bien, c'est moi qui dis que le notaire ne se battra pas, parce que si l'on venait à le tuer, nous serions tous pris pour dupes, moi, ma nièce et ma femme Jacqueline.

— Et pourquoi cela, mon ami ? demanda le chevalier avec la plus grande douceur.

— Parce que... ce n'est pas que je tienne beaucoup à la peau de monsieur, et je parle ici de sa peau de notaire, comme de sa peau de loup-garou. Non, je n'y tiens pas, je vous jure, et si vous voulez épouser ma nièce et reconnaître son enfant, ou me donner quatre-vingt-dix mille francs et quatre-vingt-dix louis d'or de vingt quatre francs pour Jacqueline, je le laisserai se battre avec vous tant qu'il voudra ; mais autrement, il n'y faut pas compter, voyez-vous, et le premier qui le touchera aura affaire à moi. Si quelqu'un doit le tuer, je m'en charge ; je suis dans mon droit et je le prouverai.

Pendant cette singulière harangue, le chevalier examinait tour à tour le hardi meunier et le bonhomme Desroches, comme pour chercher une explication raisonnable à l'intervention de Lili.

— Ah ça, monsieur, dit-il en se tournant vers le notaire, dois-je croire que vous avez donné le mot à ce paysan ! Il s'y prend assez maladroitement, je vous en avertis, et cette manœuvre ne vous sauvera pas. Du reste, je ne veux pas me compromettre plus longtemps dans la compagnie d'un individu aussi grossier, et je me retire ; vous me ferez savoir dans la soirée quelle est votre décision.

Lili, qui avait remarqué dans les paroles de M. de la Perche certaines expressions qui n'étaient pas de son goût, reprit d'un ton menaçant

— Voyez-vous ce chevalier de la bourse plate qui se donne des airs de mépriser un honnête paysan qui gagne sa vie en travaillant ! Je te secouerai la farine de dessus la tête, vieil imbécile, si tu ne laisses pas tranquille le notaire Desroches. Eh bien ! il est loup-garou, cet homme. Est-ce sa faute, et crois-tu que ce soit pour son plaisir ? D'ailleurs, ça ne regarde que lui et moi, entends-tu bien ?

M. de la Perche, furieux de s'entendre ainsi tutoyer, devint aussi rouge que le comportait sa figure naturellement parcheminée, et il s'écria avec arrogance :

— Ah ça, mon ami, savez-vous à qui vous parlez ?

— Je parle à un noble gueux, qui n'a pas un sou dans sa poche, dit Lili en ricanant avec ce sentiment haineux qui porte le paysan à se réjouir de la misère de ceux qui appartiennent aux classes supérieures de la société ; je parle à un fainéant qui ne sachant ni ne voulant travailler, aime mieux vivre aux dépens de ces mijaurées du château. Ce n'est pas non plus le Pérou, allez, que vos dames de Ranty, quoiqu'elles soient si orgueilleuses qu'on dirait que la terre ne peut les porter. Car enfin, il n'y a pas quinze jours de ça, un matin que le vieux Guillaume et moi nous allions à la ville avant le soleil levé, nous avons vu, en passant devant cette vieille masure qu'on appelle encore le château, le petit monsieur Durant, le percepteur, qui se promenait sous les fenêtres de votre demoiselle de Ranty, si bien que Guillaume, qui n'est pas fin, le prenait pour un voleur. — Guillaume est prêt à vous le répéter ; nous avons vu le percepteur comme je vous vois, et la demoiselle qui lui parlait tendrement de sa fenêtre. Voilà quelle est la conduite de la fille. Quant à la mère, monsieur le chevalier de l'*échalas*, je n'ai pas besoin, je pense d'en parler devant vous.

Pendant que Lili donnait ainsi carrière à sa langue impitoyable, le pauvre M. de la Perche devenait tour à tour rouge, pâle et jaune, baissait la tête et semblait fort mal à l'aise.

— Es-tu bien sûr de es que te avances, Lili ? demanda le notaire avec intérêt. Pardieu ! tu m'apprends là de jolies nouvelles.

— Que jamais plus je ne puisse baisser la main, dit le meunier avec chaleur en levant sa main droite au-dessus de sa tête, sorte de serment en usage dans le pays, si je ne vous dis pas l'exacte vérité ! Sans compter qu'après le mariage on aurait lestement fricassé vos vieux écus, monsieur le notaire. Ce grand nigaud qui est domestique au château s'est enivré il y a quelques jours avec un de mes garçons, et il a tout avoué. On vous aurait fait financer et payer les chapeaux et les falbalas, je vous le promets, car il paraît qu'on doit à tout le monde à la ville. Ce vieux sournois qui est là espérait aussi avoir sa part du gâteau, et c'est pour cela qu'il veut vous effrayer afin que vous forciez votre fils à épouser la demoiselle. Vous agirez comme vous voudrez, mais du diable si je souffre qu'on vous tue avant que nous ayons terminé la petite affaire que vous savez.

Les révélations de Lili, que confirmait jusqu'à un certain point la contenance embarrassée du chevalier, étaient de nature à faire réfléchir maître Desroches ; mais, entre deux hommes également acharnés contre lui, il craignait de prendre contre l'un un parti que lui eût attiré un redoublement de colère de la part de l'autre. Pendant qu'il cherchait à tourner la difficulté, M. de la Perche sembla sortir de la stupeur où l'avaient jeté les accusations du meunier.

— Je ne m'abaisserai pas, dit-il au notaire d'un air digne, à répondre aux calomnies de ce... monsieur. L'honneur d'une noble maison et la vertu des respectables dames que je représente ici sont trop au-dessus des allégations d'un pareil... individu, pour que je doive m'en inquiéter. Mais comme celui qui a osé parler ainsi des dames de Ranty et de moi l'a fait dans votre maison et dans votre présence, c'est vous, monsieur, qui m'en rendrez raison, et j'espère que ce sera bientôt.

En même temps il se dirigea encore une fois vers la porte ; mais ce n'était pas le compte du notaire, qui prévoyait qu'il allait se trouver de nouveau seul avec l'intraitable Lili, et que la conversation interrompue par l'arrivée du chevalier allait devenir plus pressante avec le meunier. Entre deux dangers, il choisit celui qui devait au moins lui permettre de respirer un instant. Il retint donc le chevalier par la basque de son habit râpé et il lui dit d'un ton suppliant :

— Par pitié, monsieur le chevalier, ne m'abandonnez pas aux entreprises de ce forcené. Je ne sais ce qu'il me veut, mais il paraît avoir contre moi les plus mauvais desseins ! Je vous assure que je ne crois pas... c'est-à-dire je désire ne pas croire...

— Que m'importe votre opinion ! dit le chevalier froidement en cherchant à dégager son habit, je n'ai plus rien à faire ici.

—Du moins, reprit Desroches dans une anxiété cruelle, avertissez quelques personnes en passant dans le village de venir à mon secours vous sera facile : Jean Couderc, par exemple, ou bien Baptiste et le grand Lenoir.

Ah ! c'est comme ça ! s'écria Lili furieux ; ah ! vous voulez vous moquer de moi ! Eh bien ! vous ne sortirez ni l'un ni l'autre, sapristi ! ou je vous casserai les os à tous deux ! Je ne crains ni les nobles ni les notaires, moi, et je vous moudrai comme du froment sec ! Je suis le meunier Lili, moi, et je suis honnête homme, et je vengerai ma nièce Suzette, et vous ne sortirez pas, mille démons !

Après cette belle tirade, Lili exécuta avec son bâton un moulinet terrible qui fit reculer Desroches et M. de la Perche jusqu'à la muraille.

Lili, s'écria le notaire avec épouvante, songe à ce que tu fait ! Je porterai plainte contre toi.

— Ca m'est égal !

— Je te passerai mon épée à travers le corps ! criait le chevalier d'une voix tremblante qui contrastait avec sa menace.

— Venez-y donc !

— Tu seras mis en prison.

— Je m'en moque !

— Je te ferai chasser du pays.

— Je vous assommerai tous !

Au milieu de ce vacarme on n'avait pas entendu le bruit d'un cheval qui venait de s'arrêter devant la maison ; mais bientôt la porte s'ouvrit violemment, on repoussa avec force ! Lili, qui barrait le passage, et une nouvelle voix, qui domine toutes les autres, s'écria du ton de la colère :

— Eh bien ! qu'y a-t-il donc ici ? qui ose insulter mon père dans sa maison ?

En même temps Frédéric Desroches entra dans la salle, et sa présence fit cesser subitement le tumulte. Lili, malgré son audace, n'osa broncher ; le chevalier, qui redoutait toute explication avec le jeune Desroches et qui ne s'était hasardé à faire sa belliqueuse démarche qu'après s'être assuré qu'on l'avait vu sortir à cheval dès le matin, ne prononça pas une parole ; il n'y eut que le pauvre notaire qui, dans les transports de sa joie, ne put garder le silence. Il se jeta dans les bras de son fils en lui disant d'une voix entrecoupée :

— Ah ! mon bon Frédéric, comment as-tu pu me laisser si longtemps entre les mains de ses gens-là ? Tu feras ce que tu voudras, tu épouseras qui tu voudras ; mais, par pitié, délivre-moi de ces furieux ! Je suis excédé, brisé, rendu ! J'en perdrai la raison !

Pour toute réponse Frédéric regarda là deux terribles adversaires du bonhomme et poussa un bruyant éclat de rire.

— Comment, mauvais fils dit le vieillard d'un ton tragi-comique, peux-tu bien rire de la déplorable situation où je me trouve ! Sait-tu bien que monsieur le chevalier que voici veut me forcer à me couper la gorge avec lui, sous le prétexte que ta lettre aux dames de Ranty est injurieuse pour elles ; et voici là-bas cet enragé de Lili qui veut me briser les os avec son bâton parce que je veux être pendu si je sais pourquoi.

Frédéric modéra enfin sa gaieté et dit tranquillement à son père.

— J'ai deviné tout cela au premier coup d'œil, mon excellent père ; mais si vous voulez me donner carte blanche, je vous promets que dans cinq minutes tout sera arrangé à la satisfaction générale.

— Je te la donne, s'écria le vieillard en tombant dans un fauteuil et en s'essuyant le front, fais ce que tu voudras, je suis vaincu.

— À tout seigneur tout honneur, dit Frédéric d'un air d'ironie en s'approchant du chevalier ; commençons par M. de la Perche. Monsieur le chevalier, continua-t-il, est trop homme du monde pour songer à proposer un duel à un homme de l'âge et du caractère de mon père. D'ailleurs, il n'ignore pas que la lettre a été écrite par moi spontanément, et que si, par impossible, on y trouvait contre les dames de Ranty une offense qui n'était pas dans ma pensée, ce serait moi seul qui devrait en porter la responsabilité.

Le chevalier paraissait fort embarrassé ; il baissait la tête et il faisait passer son chapeau du bras droit au bras gauche, par un mouvement machinal. Il crut s'en tirer par une escobarderie.

— Monsieur, dit-il en s'inclinant, j'accepte vos excuses et je consens à ce que cette affaire n'aille pas plus loin.

En même temps il voulut s'esquiver ; mais Frédéric comprit le piège.

— Je ne fais pas d'excuses, reprit-il sèchement ; je ne rétracte rien. Entendez-vous, monsieur le chevalier ?

Le pauvre défenseur des belles, voyant l'affaire prendre une si fâcheuse tournure, ne fut que plus empressé à quitter la place.

— Quand je dis des excuses, balbutia-t-il, c'est explications, regrets que je veux dire... Je crois donc, monsieur, que l'honneur est satisfait.

— Le croyez-vous ? demanda Frédéric d'un ton moqueur. Je le veux bien. Cependant, monsieur, s'il vous survenait des doutes à cet égard, vous pourriez toujours venir me les exposer. Ne vous gênez pas, je serai toujours prêt à vous entendre ; et pour mettre votre conscience à l'aise, je vous dirai que je ne suis pas tout à fait novice dans l'art de manier une épée, vous pourrez sans scrupule vous commettre avec moi.

— Il suffit, monsieur, dit le chevalier en bredouillant, je rendrai justice à votre honorable conduite dans cette affaire, comme j'espère que vous rendrez justice à la mienne.

En même temps il salua profondément et sortit, poursuivi par les éclats de rire du notaire et de son fils auxquels se joignit même le gros rire goguenard du meunier Lili.

— Ah ça, Frédéric, reprit bientôt le vieillard avec un peu d'inquiétude, est-ce que tu ne crains pas de l'avoir poussé à bout ?

— Lui ? ce fanfaron qui n'a pas touché une épée depuis vingt ans ? Ne craignez rien, mon père ; il va sans doute débiter sur notre entrevue une foule de contes où il s'adjugera sans façon le plus beau rôle, et tout sera dit. Seulement il fera bien de mettre quelque prudence dans ses vanteries, car je saurais le retrouver au besoin ; mais laissons cela, et venons à maître Lili, qui, lorsque je suis entré, s'escrimait avec son bâton d'une manière assez insolente. Voyons, monsieur Lili, parlez. Que faisiez-vous tout à l'heure, vous que l'on dit être un homme prudent et raisonnable ?

Ainsi interpellé l'oncle de Suzette, qui s'était tenu à l'écart s'avança en se dandinant avec cet air moitié niais, moitié malin qui lui était na- naturel.

— Oh ! mon Dieu, ce n'était rien, rien du tout, mon petit monsieur Desroches, et, comme vous êtes un bon enfant, je suis sûr que nous nous entendrons tout de suite. Voici la chose : je demande à M. votre père cent mille francs et cent louis d'or de vingt-quatre francs pour ma femme Jacqueline. C'est le plus juste prix.

— Cent mille francs ! répéta le jeune homme, ne sachant plus de quoi il s'agissait.

— Est-ce que vous trouvez que c'est trop cher ? demanda le meunier avec une feinte bonhomie : réfléchissez donc, monsieur Frédéric, la petite est jolie et elle aurait pu faire un excellent mariage.

Le jeune homme comprit enfin la vérité.

— Comment, vieil avare, dit-il avec indignation, serait-ce l'honneur de votre charmante nièce que vous taxeriez ainsi ? En effet, tout à l'heure, à Vernay, on m'a parlé de la visite que vous comptiez faire à mon père, et c'est ce qui m'a obligé de hâter mon retour. Voyons Lili, vous êtes vraiment fou, et cependant nous ne sommes pas loin de nous entendre.

— Vous me donneriez les cent mille francs ! s'écria Lili tremblant de joie ; c'est pour le coup que vous seriez un brave jeune homme.

Maître Desroches regarda son fils avec inquiétude.

— Frédéric, dit-il, ne vas-tu pas faire la sottise de donner de l'argent à cet original ?

— Rassurez-vous, mon père, répondit Frédéric en souriant, je n'abuserai pas de votre fortune. D'ailleurs souvenez-vous que vous m'avez donné carte blanche.

Puis se tournant vers le meunier, qui était toujours dans une vive anxiété :

Écoutez, Lili, continua-t-il, je sais comment cet imbécile de Cloche-Pied s'est joué de votre simplicité et de celle de Suzette ; j'étais caché derrière la cabane de l'oiseleur lorsque votre nièce est venu le consulter, et j'ai tout entendu. Seulement j'étais loin de soupçonner que ce serait mon père que vous rencontreriez ensuite aux Quatre-Chemins.

Lili secoua les oreilles de l'air d'un âne opiniâtre que l'on voudrait forcer à traverser une rivière,

— Est-ce que vous que vous prétendriez que ce n'est pas le notaire Desroches qui était le loup-garou ? dit-il avec impatience.

— J'ai quelques raisons de croire le contraire ; mais ne discutons pas sur ce chapitre. Voyons, Lili, n'y a-t-il pas d'autre moyen de vous satisfaire que de vous donner les cent mille francs que vous demandez ?

— Si fait ! il y en a un autre. Que M. le notaire épouse ma nièce.

— Que le diable emporte ta nièce ! s'écria Desroches.

— Vous voyez qu'il n'y est pas bien disposé, reprit Frédéric en soupirant ; mais ne pourriez-vous trouver un mari plus convenable pour mademoiselle Suzette ?

— Eh ! qui donc ?

— Moi, par exemple.

— Vous ! miséricorde ! est-il possible ?

— Que dis-tu, Frédéric ? s'écria le vieillard. Tu plaisantes sans doute.

— Je ne plaisante pas, mon père ; j'aime Suzette et je veux l'épouser.

Desroches et Lili étaient frappés de surprise, mais le meunier surtout semblait faire de prodigieux efforts pour comprendre cette résolution qui dépassait toute croyance.

— Voyons, père Lili, reprit Frédéric en s'adressant au meunier, qui ne savait que répondre ; décidez-vous. J'aime mademoiselle Suzette, et je crois qu'elle ne me refusera pas sa main. Consentez-vous à ce mariage !

— Ah ça, mon fils, demanda M. Desroches sévèrement, tout ceci est-il bien sérieux ?

— Très sérieux, mon père.

— Mais vous oubliez monsieur, s'écria le vieillard en se levant, que j'ai le droit de m'opposer à une pareille folie et que je m'y opposerai.

— Oui, mon père, mais vous ne pouvez vous opposer à ce que je remplisse un devoir sacré. Celui qui a indignement séduit une simple et honnête fille, c'est moi ?

— Ah bah s'écria Lili, qui dans l'excès de son étonnement pensa tomber de sa hauteur, vous êtes donc loup-garou ?

— J'en ai du moins porté le costume pendant une nuit, reprit Frédéric. Souvenez-vous, mon père, de la nuit où je vous causai une si vive inquiétude par mon absence. J'étais revenu de Paris depuis peu. Je voulus, pour égayer la monotonie d'un genre de vie auquel je n'étais pas encore habitué, assister à une de ces joyeuses veillées qui font courir toute la jeunesse du voisinage, et je décidai Pierre Lenoir, mon ancien camarade d'enfance, à me conduire chez Lavignette. Seulement, comme je craignais que mon nom fût un motif de gêne pour ces braves gens, j'allai à la veillée avec un nom d'emprunt et sous un costume de Lenoir. Je jouai parfaitement mon rôle d'enfant du pays, ce qui m'était facile, puisque je connais parfaitement le patois et les usages de nos campagnes, et personne n'eût soupçon de la vérité ; malheureusement, grâce à cet incognito, j'entendis sur vous et moi des choses qui eussent pu fâcher quelqu'un de moins philosophe, On vous accusa notamment d'avoir acquis votre fortune par sorcellerie, ce qui me donna la pensée de la détestable plaisanterie qui a fait tant de bruit.

Je voulus punir les gens de Vernay de leur Mauvaise opinion à votre égard, et, au moment de quitter la ferme, je communiquai mon projet à mon introducteur et au petit Lavignette, qui seuls connaissaient mon projet, qui partaient pour l'armée le lendemain et qui refusèrent de me suivre dans ma folle promenade, je me mis à la poursuite des gens de Vernay. Je commis alors une grande faute, pour laquelle je n'ai d'excuse que l'entraînement des circonstances, et c'est une faute, mon père, que je vous demande la permission de réparer.

Le vieillard prit un air grave,

— Vous avez raison, mon fils, dit-il enfin, vous devez épouser cette pauvre jeune fille, ce mariage dût-il faire votre malheur,

— Il n'en sera pas ainsi, mon père, car mademoiselle Suzette est une charmante et douce jeune fille à qui il ne manque qu'un peu d'éducation pour devenir une femme accomplie. Si donc vous voulez bien approuver les arrangements que je viens de prendre avec le curé de Vernay...

— Tu étais donc bien sûr de moi ? s'écria le notaire d'un ton grondeur et affectueux à la fois. Eh bien, nous verrons cette jeune fille ce soir, et si elle est telle que tu le dis...

Pour toute réponse Frédéric embrassa son père avec effusion et deux larmes mouillèrent les yeux du vieillard.

Cependant Lili était émerveillé de tout ce qu'il entendait.

— Ah bah ! s'écria-t-il sur tous les tons possibles, j'en perdrai la tête. Dire que je vais avoir un neveu millionnaire, un brave jeune homme qui est avocat et notaire ! Mes procès ne me coûteront plus rien ! Je pourrai en faire à tous mes voisins ! et j'aurai tous les actes gratis ! Ah ça, mais, demanda-t-il tout à coup en se ravisant, c'est donc vrai, qu'il n'y a pas de loup-garou ?

— Il n'y en a que dans les têtes fêlées comme la vôtre, dit Frédéric en lui frappant amicalement sur l'épaule.

Le soir, il y eut chez le curé de Vernal, une grande réunion où assistèrent les Desroches père et fils d'une part, et la famille des Lili de l'autre. Le lendemain, Suzette, en compagnie du vieux notaire et de l'oncle Lili, toujours vêtu de son splendide costume, monta, aux yeux de tout Vernay, dans un cabriolet d'osier appartenant à M. Desroches. Le curé et Frédéric les accompagnèrent jusqu'à la sortie du village avec Jacqueline qui pleurait de joie. On conduisait

Suzette dans le chef-lieu du département pour la confier à une dame respectable et instruite, qui devait préparer la nièce du meunier à devenir la compagne de Frédéric et à partager la plus belle fortune du département.

Le chemin de la ville côtoyait la terre des Jauges, ou Michel Cloche-Pied avait toujours son quartier général ; au moment où l'on passa près de cet endroit, le prétendu sorcier ramassait son gibier à quelque distance, et le bruit de la voiture lui fit lever la tête. Lili aperçut tout à coup au-dessus de la haie la figure grimaçante de l'oiseleur, et dans un transport de joie railleuse, il s'écria de toute sa force :

— Ohé ! père Michel, voue êtes un vieux fou !

L'oiseleur le regarda avec une singulière expression de moquerie et de pitié, et il dit de sa voix cassée, en Frappant sur sa besace comme pour y faire sonner encore l'argent qu'il avait reçu de Sucette :

— Eh ! eh ! ma folie me rapporte quelque chose, et ton esprit te coûte dix écus.

Le notaire et la jeune fille sourirent de la répartie, car Sucette était redevenue rieuse comme autrefois.

Trois ans jour pour jour, après la soirée par laquelle a commencé cette histoire, nous retrouverons à la ferme de la Borderie une partie de cette naïve société que nous y avons vue déjà. C'était encore une veillée, moins les danses et les accords de l'aigre musette. L'assemblée se tenait dans la pièce unique de l'appartement du fermier ; c'étaient les mêmes meubles qu'autrefois, les mêmes grands lits à ciel, la même table branlante, la même cheminée fumeuse ; comme autrefois, le vent mugissait autour de la maison et faisait trembler la flamme des bougies de résine ; on était placé en cercle autour du foyer, et la vieille Catherine, encore plus jaune et plus ridée, assise sur son billot de bois au coin du feu, contait encore une histoire lugubre aux assistants. Seulement la gaieté bruyante et expansive de trois ans auparavant avait disparu. Il y avait bien, mêlées aux graves matrones qui filaient leurs quenouilles en silence, quelques jeunes filles qui n'eussent pas mieux demandé que de danser une bourrée ; mais il n'y avait plus de danseurs, la terrible conscription de l'empire les avait tous emportés les uns après les autres, et on ne voyait plus chez Lavignette que des vieillards ou des hommes déjà mûrs. D'ailleurs, on avait reçu récemment la nouvelle que le fils de la maison avait été blessé dans une bataille, et le fermier profitait de cette circonstance pour supprimer à ses invités les rafraîchissements que nous savons, sous prétexte qu'on ne devait pas se réjouir chez lui quand sa famille était dans le deuil.

Au moment où nous pénétrons ainsi au milieu de la veillée, la vieille Catherine achevait le comte si connu de la Belle et la Bête.

— Et puis disait-elle de sa voix chevrotante, la Belle voyant la Bête, comme morte, alla chercher un peu d'eau dans le canal et en jeta sur la tête de la Bête en lui disant : Pauvre Bête ! moi qui t'aimais tant !... Alors la Bête, qui n'était pas morte, se leva tout à coup ; sa vilaine peau disparut, et ce fut un beau prince qui épousa la Belle, et ils furent heureux et ils eurent beaucoup d'enfants.

Un murmure flatteur accueillit cette brillante narration, et l'on allait prier Catherine de commencer quelque autre histoire dans le même goût, lorsqu'une grosse fille, au visage et aux mains rouges, qui tricotait un bas de laine à côté de sa mère, s'écria en riant d'un air niais :

— Tiens ! tiens ! mère Catherine, votre conte fini comme l'histoire de la Suzette qui vient de se marier avec le fils du notaire.

— C'est vrai, au moins ! dirent plusieurs voix, Nanette a raison.

— Excepté seulement, reprit Lavignette d'un ton magistral, que le petit Desroches n'est pas un prince.

— Ah bah ! c'est tout un ; dit Jean-Guillaume ; il est aussi riche qu'un prince et ça suffit ; la nièce du meunier a eu bien du bonheur !

— C'est bien vrai ! murmura Nanette avec un gros soupir.

— Quant à moi, s'écria la mère de Nanette, femme acariâtre et jalouse, je ne vois pas pourquoi ce mariage s'est fait à la ville au lieu de se faire à Bonnat. Mais ils auraient rougi de se marier dans le pays où l'on connaît si bien leur histoire. D'ailleurs, j'imagine que cette petite fille de trois ans, que l'on dit si jolie et si espiègle, devait faire une singulière figure à la noce.

— Vous êtes bien méchante, Françoise, répliqua une autre commère ; ce n'était pas sa faute, à cette pauvre Suzette.

— Non, mais du moins c'est sa faute, reprit Françoise avec aigreur, si elle porte aujourd'hui des chapeaux, des châles et des bijoux comme une grande dame, tandis que nous savons tous ce qu'elle était il y a trois ans.

— Ne faut-il pas qu'elle fasse honneur à son mari ? Vous oubliez, Françoise, qu'à la ville on lui a donné des maîtres de tous les genres, et qu'on lui a appris les belles manières et le beau langage, si bien qu'à présent on dirait d'une vraie dame. Quant à moi, je sais que, malgré ses châles et ses dentelles, elle m'a reconnu l'autre jour à la paroisse ; qu'elle est venue à moi pour me demander des nouvelles de chez nous, et cela avec tant de bonté que je l'aurais embrassée volontiers. Oui, oui, vous direz ce que vous voudrez, Françoise, mais la jeune madame Desroches, car c'est maintenant son nom, mérite bien son sort, et je vous avouerai que je l'aime cent fois mieux que ces dames de Ranty, qui sont si fières avec nous autres. Vous savez que la jeune demoiselle, celle qui faisait tant la mijaurée, vient aussi d'épouser le percepteur Durand.

— Il n'est pas moins vrai, s'écria Françoise, que les dames de Ranty ne sont pas des gens comme nous, au lieu que la nièce à Lili....

— Ah ai vous me parlez de Lili et même de sa femme Jacqueline, reprit l'interlocutrice, qui sentait le besoin de faire quelques concessions pour obtenir quelque chose sur un autre point, je serai bien de votre avis, Françoise, Lili surtout, depuis qu'il a vendu son moulin et qu'il fait le monsieur, la canne à la main du matin au soir, est devenu insupportable. Croiriez-vous que dimanche dernier, sur la place de l'église, il a osé prendre une prise de tabac dans la tabatière du vieux noble, au moment où il en offrait à M. le curé. M. de la Perche était si furieux de cette insolence qu'il a jeté tout son tabac par terre, et alors Lili lui a offert en ricanant de l'argent pour en acheter d'autre. Si on peut se familiariser ainsi avec des gens plus hauts que soi !

— Et Jacqueline ! l'avez-vous vue avec son grand bonnet garni de rubans ? La pauvre femme ! la tête lui tournera sous ce bonnet-là plus vite que ne tournait autrefois le moulin de son mari.

— N'importe ! dit Lavignette avec ce ton d'autorité qu'il s'était habitué à prendre chez lui, le petit monsieur et la petite madame Desroches sont bien aimables et bien gentils, et je soutiens qu'ils seront heureux. Ils sont venus nous voir, il y a quelques jours, et ils ont apporté de jolis cadeaux pour toute la famille. Voyez le beau Saint-Esprit d'or qu'ils ont apporté à ma mère. Aussi, continua-t-il en jetant un regard sévère du côté de Françoise, je prétends qu'on ne dise pas de mal d'eux dans ma maison, et je suis tout fier que ce mariage se soit entamé ici même, un soir à la veillée, comme aujourd'hui. C'était la nuit qui précéda le départ de mon pauvre Baptiste.

— Oui, s'écria une jeune fille, je me souviens que vous ne connaissiez pas M. Desroches, et que nous autres là-bas, dans la grange, nous l'appelions l'*Endiablé*..... Je me reproche toujours de lui avoir donné un grand coup de pied en dansant... Si je l'avais su !

— Crois-tu pas qu'il t'aurait épousée, toi ? dit Nanette d'un ton moqueur.

— Pourquoi pas aussi bien que toi ? Penses-tu que je ne te vaux pas ?

Un regard des mères réprima cette querelle naissante.

— Et dire, reprit Lavignette, que nous étions là une cinquantaine, et que personne ne se douta du tour que cet espiègle de M. Frédéric voulait jouer aux jeunes gens de Vernay !... Vous y étiez, Guillaume, et vous aussi Jean-François ? Il paraît que vous avez eu grand peur du faux loup-garou ?

Des éclats de rire rappelèrent aux invités de Vernay leur humiliation ; mais au milieu des plaisanteries qu'excita le souvenir de cette aventure, s'éleva tout à coup la voix cassée et glapissante de la vieille Catherine.

— Qui ose dire, s'écria-t-elle, que ce n'est pas un vrai loup-garou qui s'est montré aux Quatre-Chemins ? Qui ose avancer un pareil mensonge, lorsque tant de personnes l'ont vue comme je vous vois tous ?

Tout le monde se tut, il était fort rare que la mère de Lavignette prononçât quelque parole qui eût rapport au temps présent, car elle ne semblait plus vivre que dans le passé. Contre son ordinaire, elle s'était levée debout, et son fuseau était tombé à terre sans qu'elle songeât à le ramasser. On la regardait sans répondre, tant on était surpris de voir revenir le sentiment à cet automate dont chaque mouvement était toujours deviné à l'avance. Lavignette fut le seul qui osa attaquer la crédulité de la vieille femme.

— Mais, mère Catherine, répliqua-t-il timidement, puisque je vous dis que nous connaissons celui qui a fait le loup-garou ! c'était monsieur Frédéric Desroches qui s'était habillé dans la peau d'un loup que Jacques, mon ancien valet de ferme, avait tué quelques temps auparavant.

— Taisez-vous, fils, dit la vieille femme avec un accent d'autorité qu'on ne lui connaissait pas, c'est avec de pareils mensonges qu'on trompe la jeunesse. On ne croit plus à rien ! Michel me le disait l'autre jour, en me donnant des herbes pour couper la fièvre de Jean. Vous êtes tous des impies !

— Mais, mère, puisque je vous dis...

Taisez-vous ! Est-il vrai, oui ou non, qu'on a vu un loup-garou, il y a trois ans, à pareil jour, aux Quatre-Chemins ?

— Oui, mais...

— Pourquoi donc allez-vous répéter partout un mensonge pour que ceux qui viendront après nous ne croient pas aux loups-garous ? Que savez-vous si ce notaire Desroches n'a pas fait un nouveau pacte avec le démon pour nous cacher la vérité ? Le malin esprit rôde sans cesse autour de nous, et nous sommes tous de grands pécheurs ; abaissons-nous devant tout ce que nous ne comprenons pas. Quant à vous braves gens, qui allez retourner à Vernay, croyez une personne qui a vécu bien longtemps ; ne riez pas du loup-garou et ne prenez pas par les Quatre-Chemins pour retourner chez vous. Nous sommes dans le temps de l'Avent, souvenez-vous de ce que je vous dis.

En achevant ces paroles d'un air sinistre, la vieille sa rassit et ramassant son fuseau, elle se mit à filer avec ce mouvement machinal qui lui était ordinaire.

La soirée était avancée, et il fallait se retirer. La nuit était très noire et on alluma des brandons de paille. Quand on fut dans la cour, une discussion s'éleva pour savoir si l'on prendrait par le carrefour hanté par les loups-garous, ou bien si l'on retournait à Vernay par un autre chemin plus détourné.

Ma foi, dit Nanette en s'emparant résolument d'une torche enflammée, les Quatre-Chemins sont plus courts d'un quart de lieue.

Et toute la joyeuse troupe suivit cette direction, malgré les sinistres souvenirs que rappelait cet endroit fatal.

FIN

Table des Chapitres

LE LOUP-GAROU